DRAMATURGIA 17

DRAMATURGIA 17

Autores

Tatyana Galán de Anta
Manel López Priego
Isaac Badía García
Valeria Arredondo
Andrés Cirac Cirac
Francisco José Pérez
Synara Vergara
María Luisa Latorre Torá
Rafael Blasco López
Javier Rojo
Alberto Palacios Cañas
Ana Díaz Velasco
Alba Cámara Guerrero
Ignacio Nieto de la Cruz
Paqui Ortega
Mercè Lopez Cobo
Encarna Mancebo
Fior Metz Estevez

Editor

Carro de Baco

Colabora

Ajuntament de Santa Coloma de Gramenet

DRAMATURGIA 17
Colección de textos de teatro, Carro de Baco
Primera edición, 2017

Copyright © 2017 por Carro de Baco

Diseño de portada y contraportada: Volta Disseny.

ISBN <978-0-244-02989-0>

Carro de Baco
Calle Santa Gemma, 10
Santa Coloma de Gramenet, España. 08921

www.carrodebaco.com

Contacto: info@carrodebaco.com

A la necesidad compulsiva de fabular que nos hace diseñar alternativas a la realidad.

CONTENIDOS

AGRADECIMIENTOS

A los alumnos de Carro de Baco que nos impulsan a promover proyectos como éste.

A Petri, por creer en un premio de textos teatrales para Santa Coloma de Gramenet.

A *Volta Diseny* por poner su talento en el diseño de la portada y contraportada del libro, incondicionalmente.

A todo el jurado que ha dedicado su preciado tiempo para fallar el premio de Carro de Baco.

A los directores, actores y autores que hicieron que algunas de estas piezas vieran la luz en el Teatro Sagarra de Santa Coloma de Gramenet el 24 de septiembre de 2017.

A todos los autores premiados, finalistas y participantes por demostrar que las artes escénicas tienen una larga vida.

REALIDAD FICTICIA, FICCIÓN REAL

La realidad vigente es tan unilateral, tan tendenciosa, tan manipulable por las élites y tan bien digerida por los idiotas que es necesario fabular. La realidad es como una ficción desprovista de imaginación, sólo una, sólo regida por las normas, sólo construida por lo políticamente correcto, sólo tergiversada por el interés de los que quieren mandar más y el servilismo de los que visten harapos creyendo lucir seda. Hay que darle la vuelta a la realidad, hay que derrocarla, hay que someterla al régimen donde gobiernan los sueños de los locos, hay que subyugarla a la magia todopoderosa de los prestidigitadores de la creatividad, hay que supeditarla al mandato de la ficción. Cuando la realidad alcanza sus límites, la ficción se pierde por fronteras incalculables. Cuando la realidad es rígida y estricta, la ficción se multiplica, se bifurca, se escinde y se funde, se inventa y se reinventa. Es para entender la realidad que el ser humano fantasea. Simulando lo real se hace conciencia y se toma partido.

Cuando enmarcas una foto, la estás resaltando. Si enciendes una bombilla, en la madrugada, tienes luz, pero no hay luz sin noche. Como el cerco de un marco, o como el crepúsculo al atardecer, funciona la ficción. Por eso fabulamos por los siglos de los siglos. Por escrito o a viva voz. Con las emociones o con la razón. Con la expresión del cuerpo o con el tañido de un tambor. Ideamos historias para llegar donde la realidad no llega: un final justo, un premio merecido, una redención oportuna, una disculpa a tiempo, un reconocimiento catártico. Inventamos tramas paralelas a la existencia para cambiar el sentido de la misma, para corregir sus errores, para purgarnos, para contrastar los hechos y destacar las causas. Diseñamos aventuras para ejercitar nuestra empatía, para reírnos de nuestra miseria, para proyectar nuestros miedos. No hay realidad sin ficción y no hay ficción sin realidad. Los límites se confunden en los dominios del fabulador que confabula contra la aburrida corrección. Desde que un antepasado pintó ciervos en la roca ya no podemos vivir sin las aventuras que inventamos, para evadirnos o para enmendarnos, para dotarnos de herramientas que nos acompasen con la vida en sociedad, para canalizar nuestro talento o para manejar los hilos que mueven a los héroes de nuestra fantasía. Habitamos en una realidad ficticia, fabricamos ficciones profundamente reales.

Germán Madrid
-	Responsable del proyecto de dramaturgia de Carro de Baco

INTRODUCCIÓN

Dramaturgia 17 es el cuarto libro de la colección de textos de teatro de Carro de Baco. Colección única en la ciudad de Santa Coloma de Gramenet y con vocación de favorecer la creación y promoción de una corriente de autoría teatral propia.

Dramaturgia 17 ofrece una herramienta para incentivar la escritura teatral, la lectura y, por supuesto, para fomentar la puesta en escena de textos novedosos, diversos y de calidad.

Dramaturgia 17 se compone de dos partes diferenciadas:

1. La primera parte engloba las obras galardonadas en el IV Premio de Textos de Teatro Carro de Baco: la ganadora, los dos accésits y un total de diez menciones especiales que, por su calidad dramática, merecieron ser editadas en opinión del jurado. En esta ocasión se registraron ciento setenta y dos obras a concurso de dentro y fuera de España. Algunas de estas piezas se llevaron a escena el 24 de septiembre de 2017, en el marco de la entrega de premios del concurso de textos teatrales de Carro de Baco, en el Teatre Sagarra de Santa Coloma.

2. La segunda parte se compone de seis dramaturgias de diferentes autores relacionados con la escuela de dramaturgia y dirección de Carro de Baco.

Dramaturgia 17 continúa madurando y consolidándose en una herramienta que ya empieza a ser muy útil para los que se mueven en el maravilloso mundo de las Artes Escénicas.

IV PREMIO DE TEXTOS DE TEATRO CARRO DE BACO

Obra Ganadora

Saneamiento de Tatyana Galán de Anta

Accésits

Estufes de Manel López Priego

Cuadrante de Isaac Badía García

Menciones especiales

Lo único que quiero es un colchón de Valeria Arredondo

El encargo de Marcelo Galliano

El viaje de Andrés Cirac Cirac

La verdadera historia de Don Juan Tenorio de Fco. José Pérez

Metamorfosis de Tatyana Galán de Anta

Cambio de aires de Synara Vergara

Tedio de María Luisa Latorre Torá

¡Yo primero! de Rafael Blasco López

Los cuervos de Javier Rojo

Metafísica de Alberto Palacio Cañas

Mención Especial Arte Sostenible

Con la música a otro parque de Ana Díaz Velasco

SANEAMIENTO

De Tatyana Galán de Anta

Ganadora del IV Premio de Textos de Teatro Carro de Baco.

Estrenada el 24 de septiembre de 2017 en el Teatre Sagarra de Santa Coloma de Gramenet con el siguiente equipo artístico:

Dirección... *Aida Egea*
Intérpretes... *Ignasi Nieto, Aroa Sola*

SANEAMIENTO

De Tatyana Galán de Anta

(Dos sillas, una lámpara. La sala de espera de un lugar. Quizás un revistero... Valentín llega primero, lleva un periódico, se sienta a leer. Después entra Mina.)

Mina- Buenos días, ¿Está usted esperando?

Valentín- Pues usted dirá... Estoy sentado, leyendo, esto es una sala de espera, si une usted todas las pistas tendrá la respuesta.

Mina- ¡Claro que sí, hombre, era una pregunta retórica! Por entablar conversación.

Valentín- ¿Es que no sabe usted hablar del tiempo?

Mina- ¿Del tiempo?...

Valentín- Sí, del tiempo. Lo típico. Que si hace calor, que si ¡cómo llueve!, que si no vea cómo ha refrescado... ¡Lo que es el tiempo, como concepto atmosférico!

Mina- Hombre, todo el mundo sabe hablar del tiempo, no hay más que asomarse a la calle y relatar lo que pasa...

Valentín- Por eso todo el mundo entabla conversaciones así. Es un tema muy empático. Todos sufrimos las aventuras y desventuras del tiempo.

Mina- Tiene usted razón, ha sido una torpeza por mi parte. ¿Le gustaría volver a empezar?

Valentín- ¿Volver a empezar?...

Mina- Sí, volver a empezar la escena. Yo me voy, y usted hace como si no hubiera entrado. De pronto vuelvo a entrar e intento entablar conversación con usted hablando del tiempo.

Valentín- Pues no sé, ¿no le parece un poco absurdo?

Mina- Tener una segunda oportunidad no es absurdo, es fabuloso...

Valentín- Tiene usted razón. Está bien, hagámoslo, volvamos a empezar. *(Valentín se acomoda sobre su silla. Estira su periódico. Mina sale de escena y de nuevo vuelve a entrar con cierta prisa.)*

Mini- Buenas tardes. ¡Uy, no vea como llueve!, es horrible, me he puesto pingando. ¡Caen chuzos de punta!

Valentín- *(Se levanta con cara de extrañeza. Mira por una ventana imaginaria. Se para frente a ella y niega.)* Pero oiga, ¿dónde ha visto usted que llueva?

Mina- Ah no sé, me lo he inventado.

Valentín- ¿Que se lo ha inventado?

Mina- Sí, no sé, daba igual la realidad, el caso era hablar del tiempo por entablar conversación.

Valentín- ¡La realidad nunca da igual! Si usted miente sobre el tiempo todo el mundo se va a enterar, y entonces el inicio de esta historia no tendrá sentido. ¡Cualquiera puede darse cuenta de que no está lloviendo!, hasta un ciego...

Mina- Tiene usted razón. *(Mira por la ventana decepcionada.)*

Valentín- ¿Que le costaba ser sincera? ¿Por qué tenía que empezar mintiendo?...

Mina- No sé, discúlpeme, no me parecía importante.

Valentín- La veracidad de una historia siempre es importante, comenzar con la verdad siempre lo es. ¿Es usted periodista?...

Mina- ¿Periodista?, no.

Valentín- Vaya, pues podría serlo perfectamente. Son muy dados a que la realidad les dé igual. No hay más que leer la prensa. *(Silencio. Valentín se sienta, mira el periódico con cierto desprecio.)*

Mina- Entonces, ¿quiere que volvamos a empezar?

Valentín- Déjelo, no me apetece hablar del tiempo.

Mina- No si yo era por...

Valentín- Sí, por entablar conversación. Ya lo sé.

Mina- Oiga, que si no quiere, yo me quedo en mi silla *(Se sienta en la otra silla)* en silencio tan ricamente. Y nos dejamos conversaciones sobre el tiempo.

Valentín- Será lo mejor. *(Silencio)*

Mina- ¿Que le costaba hacer como si lloviera? ¿Era tan difícil?

Valentín- ¡Oiga el tiempo es real! ¿Por qué tendría que inventarme que está lloviendo cuando no es cierto?...

Mina- Por qué nunca llueve a gusto de todos...

Valentín- Eso es una frase hecha.

Mina- Sí, ¿qué pasa, tampoco es cierta?

Valentín- Claro que lo es. Tan cierta como que estamos vivos. Esa hubiera sido una buena manera de entablar una conversación.

Mina- ¿Con una frase hecha?

Valentín- Sí, una frase de esas con las que todo el mundo conecta.

Mina- ¿Quiere que vuelva a entrar con una frase hecha?

Valentín- Sí, en realidad me gustaría.

Mina- Está bien. Mira que es usted caprichoso.

Valentín- Hay que empezar con buen pie, ¡Mire, otra frase hecha!

(Mina sale. Valentín espera sobre su silla. Abre de nuevo el periódico.)

Mina- Bueno, y con esto y un bizcocho, hasta mañana a las 8. *(Valentín la mira extrañado. Mina se sienta orgullosa. Sonríe. Silencio.)*

Valentín- ¿Pero que ha hecho? *(Se levanta con indignación.)*

Mina- Entrar con una frase hecha. ¿Qué le ha parecido?

Valentín- ¡Pues perdone que le diga, me ha parecido una mierda!

Mina- ¡Oiga, es que no hay manera de darle gusto, yo estoy poniendo todo de mi parte, pero no sé cómo darle gusto!

Valentín- ¿Se da cuenta, de que ha entrado, con una frase de despedida?

Mina- Usted no especificó. Lo que quería cuando entraba era ganarme su atención, que le entraran ganas de hablar conmigo.

Valentín- ¿Con una persona que se despide cuando llega?

Mina- Con la única persona que entra a hacerle compañía mientras espera, y quiere entablar conversación con usted. *(Silencio)*

Valentín- *(Se relaja, se sienta. Suspira. Mira al frente. Se siente ligeramente avergonzado.)* ¿Qué hace usted aquí?

Mina- ¿Otra vez se va a poner borde?

Valentín- No, se lo pregunto de buenas.

Mina- Ah, disculpe. Pues vengo a suicidarme.

Valentín- ¿En serio?

Mina- Sí, ¿le sorprende? ¿Le parece una buena manera de comenzar a charlar?

Valentín- No, es solo que yo también.

Mina- ¿Usted también, qué?

Valentín- Que yo también vengo a suicidarme. Y me ha hecho gracia la coincidencia. Fíjese, no lo habría dicho nunca.

Mina- ¿Ah no, y eso por qué?

Valentín- Por su manera de entablar conversaciones.

Mina- *(Anonadada.)* ¡Eso es una estupidez!

Valentín- ¡Para nada! El suicida tiene las cosas claras, no duda, jamás diría que está lloviendo cuando hace sol, y sobre todo, sabe que no se puede volver a empezar.

Mina- Oiga, ¿Acaso usted lo sabe todo? ¿Acaso va a decirme a lo que vengo, y por qué vengo? ¡Es que ya no se puede ni suicidar una tranquila!

Valentín- No me malinterprete. Usted puede hacer lo que quiera, pero permítame decirle que es usted una suicida algo, desaliñada, y desde luego nada metódica.

Mina- No quiero seguir escuchándole. Es un amargado y un absurdo.

Valentín- Pero muy metódico...

Mina- ¡Cállese!, vamos a esperar en silencio, será lo mejor. A no ser que quiera ahorrarse usted lo que le va a costar el suicidio y le hago yo un apañito... *(Con violencia sibilina).*

Valentín- *(Con cierto miedo.)* Esperemos en silencio... *(Silencio. Valentín lee. Mina se mordisquea las uñas.)*

Valentín- Viene usted por el saneamiento, imagino.

Mina- ¡Como todo el mundo!

Valentín- No se crea, hay gente que viene por convencimiento propio, por mera elección. No porque le haya tocado.

Mina- A mí de las opciones que tenía era la que más me gustaba. Me sonaba bien. Al menos la decisión de morir, a efectos legales, parecerá mía.

Valentín- ¡Mire, en eso estamos de acuerdo! Yo lo tuve claro desde el principio.

Mina- ¿Cuándo le comunicaron que había sido usted elegido?

Valentín- Hace 3 meses. Llevaba ya casi dos años al paro.

Mina- ¿No me diga?, yo llevaba 9 meses al paro, pero es que además me embargaron la casa. Era un lastre total.

Valentín- ¡Ya lo creo, es que lo suyo era más grave! Yo al menos tenía mi casa pagada. Bueno, la de mi madre, que me quedó en herencia.

Mina- ¿Intentó usted reclamar?

Valentín- ¿Para qué? Con lo que tardan, no hubiera hecho más que perder el tiempo...

Mina- En eso tiene usted razón. Lo mejor es cuando te toca el saneamiento, decidir rápido y que acabe prontito.

Valentín- ¡Muerte accidental!, estuve a punto de elegir esa, hubiera sido una buena elección. Al menos no sabes cuándo te llega. Estás tan campante, te cae una maceta, y san se acabó.

Mina- A mí la otra opción que no me disgustaba era "muerte a cargo de un sicario". Y la barajé, no se crea... Pero luego es que me dio pereza, pensé que luego iría por la calle y todo el mundo me parecería sospechoso.

Valentín- Tiene razón, es un jaleo. Hemos hecho bien.

Mina- Mi vecina la del 3º, que también la escogieron para "el saneamiento", escogió "Muerte tonta", bromista hasta el final, la mujer.

Valentín- ¿Y cómo murió?

Mina- Cortándose el pelo.

Valentín- Que muerte más tonta.

Mina- Pues ahí lo tiene. *(Una voz sale desde dentro de la sala.)*

Voz- ¡El siguiente por favor!

Valentín- Parece que me toca.

Mina- Pues nada hombre, que le vaya bien.

Valentín- *(Se va a ir, pero se da la vuelta.)* ¡Oiga, no le he preguntado el nombre!, y esa es una buena manera de entablar conversación.

Mina- Sí que lo es.

Valentín- ¿Me lo va a decir?

Mina- Me llamo Mina.

Valentín- ¡Anda, pues tiene usted un nombre perfecto para ser terrorista!

Mina- Pues preferí ser peluquera.

Valentín- Fíjese, que curioso. *(Se va a ir.)*

Mina- ¿Y usted?

Valentín- Yo preferí ser profesor.

Mina- No, me refiero a su nombre.

Valentín- Valentín.

Mina- Pues tiene usted un nombre perfecto para ser suicida.

Valentín- ¿No me diga? ¡Gracias por el cumplido!

Mina- Es la verdad, es idóneo.

Valentín- Pues fíjese usted, ya me voy más tranquilo.
(Sale.)

ESTUFES

De Manel López Priego

Accésit del IV Premio de Textos de Teatro Carro de Baco.

ESTUFES

De Manel López Priego

(Susanna i Gemma dues amigues de trenta i pocs conversen en els lavabos d'un restaurant de luxe mentre es va retocant el maquillatge).

Susanna: Què tia? Què et semblen?

Gemma: No sé.

Susanna: Què passa? Tampoc estan tan malament!

Gemma: No, no estan malament, especialment el teu.

Susanna: Mira que ets envejosa!

Gemma: No, no és enveja.

Susanna: Ah, no?

Gemma: No. És un fet objectiu. El teu està molt més bo que el meu!

Susanna: Però a veure: que és el que no t'agrada del teu?

Gemma: No ho sé. Li falta mobilitat. Està rígid.

Susanna: Potser se sent cohibit. Deixa'l que begui una mica, potser es relaxa. O beu una mica tu, així potser el veuràs més dinàmic.

Gemma: T'has fixat en el cambrer de la barra?

Susanna: El ros de l'arracada?

Gemma: Aquest tampoc està malament, però jo em refereixo a l'altre, al maduret. Aquest sí que se sap moure! T'has fixat que cada vegada que es gira per preparar una copa fa uns passets de salsa?

Susanna: Sí que m'he fixat, sí. Però nena, què vols que faci? Hi ha el que hi ha!

Gemma: Doncs el que hi ha a mi no m'agrada!

Susanna: Mira que ets delicada!

Gemma: Mira, Susanna, hi ha una norma bàsica.

Susanna: A veure per on em surts ara.

Gemma: No et pots tirar a un *tío* si no l'has vist ballar abans.

Susanna: Ole! Això promet. Au vinga, il·lumina a la teva amiga inculta!

Gemma: És bàsic. Forma part de la saviesa acumulada pel nostre sexe des que vivíem a les cavernes.

Susanna: Ja estava trigant a sortir la antropòloga que portes dins!

Gemma: Mira, nena, si aquests dos paios aconseguissin portar-nos al llit i fer-nos un bon escalfament – cosa que dubto molt – tota la zona circumdant als nostres malucs s'inflaria per dintre i per fora i qualsevol fricció ens portaria al cel. En aquell moment l'únic que desitjarem és que el tros de carn que aquets dos paios tenen entre les cames sigui el més rígid possible i que sàpiguen moure's a ritme de samba.

Susanna: Molt bé. Et compro la teoria. Cap problema. Quan acabem de sopar els hi diem que volem anar a ballar i així podràs comprovar si al teu li prova la lambada o prefereix el merengue

Gemma: No em cal.

Susanna: Per què?

Gemma: El meu no ballaria ni el ball de la civada amb un tutorial de you tube.

Susanna: Ostia, tia! Que cansina que ets!

Gemma: Cansina no, pragmàtica.

Susanna: *(Mirant el seu mòbil)* Mira ens acaben d'enviar un what's! Diuen que no triguem tant que ens troben a faltar. Però si son molt monos! Vinga va, tia, fes-ho per mi!

Gemma: Mira, Susanna, fem com ho hem fet sempre. Tu t'emportes al teu i fas amb ell el que et roti. Jo em porto al meu, l'entretinc una mica, després em desempallego d'ell, me'n vaig cap a casa i llestos.

Susanna: No funcionarà.

Gemma: Per què no?

Susanna: Perquè ja saps que aquest no és el tipus d'affaire en que em puc desempallegar del fulano al matí següent.

Gemma: Per què? Pel tema de les estufes?

Susanna: Doncs sí! Pel tema de les estufes! Perquè estem aquí si no? Que et penses que jo no preferiria tirar-me als cambrers també?

Gemma: Mira Susanna, les estufes segur que te les lloguen encara que jo no em folli al meu. A veure: qui és el que porta el negoci? El teu no?

Susanna: Ho porten entre els dos.

Gemma: Vinga, va! No siguis ximpleta. Es veu d'una hora lluny que el meu no diu ni ase, ni bèstia. El qui pren les decisions és el teu.

Susanna: Sí, però s'ho prendrà malament si deixes tirat al seu soci.

Gemma: Que es foti! I si no que ensenyi a moure el cul al seu amic. Potser els hi agrada a tots dos!

Susanna: *Tia*, per mi és una oportunitat de les que es pressenten només un cop a la vida. Aquests *tius* surten a tota la premsa especialitzada. Tenen tres restaurants a la ciutat, enguany obriran tres més fora de Catalunya i diuen que de aquí a un parell d'anys volen obrir un a Nova York. Tenen una estrella Michelin. No només son innovadors en el menjar sinó també en l'estilisme i la idea de posar terrasses interiors a tots els locals a mi em va de perles.

Gemma: Sí, ja ho sé. Ja sé que el que vols és col·locar les teves estufes a les seves terrasses.

Susanna: Nena, és que el negoci està molt malament.

Gemma: Clar. A qui se l'acut muntar una empresa de lloguer d'estufes?

Susanna: Què passa? La cosa anava de puta mare fins que va entrar en vigor la nova normativa de l'ajuntament. A mi m'han fotut del tot!

Gemma: Mira, Susanna, em sap molt greu que tinguis problemes amb el negoci. Si vols et puc deixar diners però, pel que més vulguis, no em demanis que m'enlliti amb aquest estaquirot.

Susanna: Però si ho he fet per tu!

Gemma: No perdona, ho fas per tu i per la teva empresa d'estufes.

Susanna: Però si tu mateixa em vas dir fa dos dies que trobaves a faltar una mica de moviment perquè t'estava sortint artrosi pèlvica!

Gemma: I és veritat, no t'ho nego. Però si m'ho munto amb aquest paio la cosa degenerarà en arteriosclerosi!

Susanna: La veritat és que no sé perquè confio en tu si al final sempre em deixes tirada.

Gemma: Nena, és el que hi ha.

Susanna: (*Torna a mirar el mòbil*) Tornem, *tia*, que aquests ja s'estan impacientant. M'han enviat un altre what's preguntant-me si ens hem anat per la tassa del wàter.

Gemma: Que no agobiïn que estem deliberant!

Susanna: Vinga anem. A veure si després de tanta història ens els treuen les dues oxigenades de la taula del costat.

Gemma: Ai sí, tia! Que fort! Quin parell de fulanes més horteres!

Susanna: I has vist com s'ha mirat al meu la que li ha demanat foc? No m'agrada gens que aquestes ties estiguin segudes tant a prop nostre, potser demano que ens canviïn de taula.

Gemma: Igual tenen una empresa de lloguer de ventiladors per l'estiu!

Susanna: No ho sé, però segur que son del gremi de la hostaleria perquè sinó no els hi haguessin entrat amb aquest posat de putes en quaresma.

Gemma: Doncs vinga, tornem abans que perdis la oportunitat de la teva vida.

Susanna: Però abans digues si estàs disposada a anar te'n amb el teu o no. Vinga, tia, fes-ho per mi!

Gemma: Podem fer una cosa.

Susanna: Va, digues! Estic disposada a fer el que calgui.

Gemma: Canviem els *tíos*.

Susanna: Com?

Gemma: Tu et tires el meu i jo em tiro al teu! Amb el teu encara m'ho podria fer!

Susanna: Però no podem fer això!

Gemma: Per què?

Susanna: Doncs perquè no! Si estem aquí és perquè aquest *tío* i jo tenim un cert feeling. Sinó de què? M'hagués dit que no li interessen les estufes i m'hagués engegat.

Gemma: Potser sí o potser no! Igual els hi agrada el canvi. L'important és: tu t'ho podries fer amb el meu?

Susanna: I tan que sí! Jo no estic tan carregada de punyetes com tu!

Gemma: Doncs perfecte! Assumpte arreglat!

Susanna: Espera, espera. És que aquesta no és la qüestió.

Gemma: Quina és la qüestió, doncs?

Susanna: Que no crec que ells ho acceptin.

Gemma: No siguis innocent, son *tios*, segur que es posen com motos.

Susanna: Vols dir? I encara que fos així: com ens ho faríem? Caldrà una mica de estratègia, no?

Gemma: A veure, nena, tampoc cal ser en Guardiola, ni fer triangulacions. Tu i jo això ho hem fet mil cops. Ara quan tornem a la taula tu seus al meu lloc i jo al teu. Amb aquest senzill gest segur que ho capten. Per altres coses no, però per això els homes son molt ràpids.

Susanna: Però, tia, es pensaran que som unes guarres!

Gemma: Susanna, espavila. Estem a punt de tirar-nos a dos paios que ni fu ni fa només perquè tu puguis col·locar les teves estufes. Per poc eixerits que siguin segur que ja deuen pensar que una mica putes ho som. Potser no tant com les de la taula del costat, però gairebé.

Susanna: No sé tia, no ho veig clar.

Gemma: Es més, et diré una cosa: jo estic convençuda que si fem això et lloguen les estufes segur.

Susanna: Per què estàs tan segura?

Gemma: Perquè els estem alimentat la fantasia que, si ells volguessin, s'ho podrien fer amb les dues!

Susanna: Vols dir?

Gemma: I tant! La clau està en que et signin el contracte després d'aquesta nit però abans de la propera cita, mentre encara estan alimentant la fantasia del canvi de parella. Després ja decidirem si tornem a quedar amb ells o no.

Susanna: Collons! Menys mal que vaig ser jo la que va estudiar màrqueting.

Gemma: Ho sé. Sóc brillant.

Susanna: Home, potser funciona.

Gemma: Vinga, col·lega, arrisca`t!

Susanna: *(Mirant el mòbil. S'aixeca de sobte, esverada)* Merda!!!

Gemma: Què passa?

Susanna: *(Sortint precipitadament per la porta)* Que diuen que marxen!

(La Gemma es queda tranquil·lament seguda i continua maquillant-se. Al cap de dos minuts torna a entrar la Susanna completament desfeta)

Gemma: Què?

Susanna: Com que què? Doncs que ens els han tret!

Gemma: Qui? Les dues meuques del desigual?

Susanna: Qui si no? El cambrer diu que han marxat amb elles. No sé perquè et faig cas. Sempre m'acabes enfonsant tots els negocis.

Gemma: Tranquil·la!

Susanna: Com vols que em tranquil·litzi? Acabo de perdre la oportunitat de la teva vida.

Gemma: No serà tant!

Susanna: Tu ho veus sempre tot molt fàcil! Clar, com que tu no tens un negoci que mantenir.

Gemma: Torna a quedar amb ells.

Susanna: Com? Segur que es pensen que som un parells de empanades que es passen la vida pixant!

Gemma: Susanna, els homes no són com nosaltres. Ells no perden l'interès per una dona fins que no se l'han tirat i a nosaltres aquest parell encara no ens han catat.

Susanna: *(Mig plorant)* Sóc una desgraciada.

Gemma: Au, animat. Mira què tinc aquí per tu.

Susanna: Què és?

Gemma: *(Traient-se una petita tarja de l'escot)* El telèfon dels cambrers.

Susanna: Ves a la merda!

Gemma: *(S'aixeca molt tranquil·la i es dirigeix a la porta)* Em demano al maduret. *(Surt)*

Susanna: *(S'aixeca al cap de pocs segons i surt precipitadament darrera la seva amiga)* Espera't. El maduret és meu! Tu et quedes el ros de l'arracada.

CUADRANTE

De Isaac Badía García

Accésit del IV Premio de Textos de Teatro Carro de Baco.

CUADRANTE

De Isaac Badía García

(Una mujer entra como perdida en el departamento de policía y se sienta delante un administrativo)

Arantxa: Bon dia, venia per compulsar el meu document d'identitat

Blas: ¿Perdona? No te entiendo

Arantxa: Buenos días. Venía para compulsar el DNI

Blas: ¿Para compulsar el DNI? Será para compulsar fotocopia de DNI. Los DNI no se compulsan

Arantxa: És veritat, perdona para compulsar fotocopia de DNI

Blas: Vale, un momento

Arantxa: ¿Vais a tardar mucho, es que tengo media hora cómo mucho, que trabajo aquí al lado y es mi momento de descanso

Blas: Dame un segundo *(Llama a la supervisora)* Bárbara

Bárbara: ¿Qué pasa?

Blas: Te quería comentar… ¿Vas hacer cuadrante hoy?

Bárbara: ¿Quieres que haga cuadrante?

Blas: Bueno es que si no es un lío…

Bárbara: Ya… *(Llama a una compañera)* Marta

Marta: Dime

Bárbara: ¿Que dice Blas que si voy hacer cuadrante?

Marta: Yo haría cuadrante

Blas: ¿Ves? Es que es lo mejor

Marta: Si hazlo, haz cuadrante y lo solucionamos

Bárbara: ¿Hago cuadrante?

Blas: Haz cuadrante. *(Llama a una compañera)* Inma *(Aparece Inma)*

Inma: No me ha dado tiempo ni de dejar la chaqueta

Blas: ¿Te parece bien que Bárbara haga cuadrante? Es que decíamos Marta y yo que si no es un lío

Inma: Mira, mientras no pase lo de ayer me da igual

Bárbara: Vale, entonces a las 10 y media

Marta: Antes

Bárbara: ¿A las diez?

Blas: Diez, buena hora

Bárbara: Blas y Diego

Blas: Un momento, no quiero ir con Diego

Marta: ¿Que pasa con Diego?

Blas: Es un tío muy limitado, de verdad es que no sabe ni decir tres frases, se queda callado y tengo que hablar yo, es una pasada, es que no hay manera de que nos traigan a un policía con más de cinco neuronas

Bárbara: Ostia, vale... *(Llama a un compañero)* Diego

Arantxa: Perdón, yo solo he venido para compulsar

Bárbara: Un momento, por favor, que tenemos que cerrar esto *(Aparece Diego)*

Diego: ¿Qué?

Bárbara: ¿Diego no te importa a las once en lugar de a las diez?

Diego: ¿De qué?

Blas: Estamos haciendo un cuadrante

Diego: ¿Para qué?

Marta: Para que no haya lío

Diego: Me da igual

Marta: Tienes razón Blas

Blas: Te lo he dicho

Diego: ¿Razón de qué?

Marta: De nada, de una cosa de... de...

Blas: De permisos de residencia en el extranjero caducados

Marta: Eso, joder, que no me salía

Bárbara: Entonces vas con Inma a las once

Inma: No... yo no... a las once yo no

Diego: ¿Por?

Inma; Es que siempre voy con Lucía *(Llama a Lucia)* ¡Lucía! *(Aparece Lucia)*

Lucía: Estoy aquí

Inma: ¿A que tú y yo vamos juntas?

Lucía: Si, yo he ido tres días con Inma ¿Por?

Inma: Estamos haciendo un cuadrante

Arantxa: Miren, de verdad, si pueden atenderme un momento, tengo prisa y al final

Marta: Por favor, estamos trabajado, un momento y ahora solucionamos su tema

Arantxa: Es la ostia

Lucía: Pero… ¿Necesitamos un cuadrante?

Blas: Necesitamos un cuadrante Lucía, luego sino es un lío

Diego: A mí me da igual

Blas: Eso ya lo sabemos

Bárbara: Vale, vamos a concretar, que se nos va la mañana con esto…A las diez Inma y Lucía

Inma: Por mí perfecto

Bárbara: A las diez menos cuarto

Lucía: ¿Sólo 45 minutos? Yo necesito mínimo una hora de tiempo, no vamos aquí al lado vamos más lejos

Bárbara: A las once ¿A las once está bien?

Inma: Mejor, a las once mejor

Bárbara: A las once Blas y Marta

Marta; Bueno, de todas maneras, a las diez y media podemos aprovechar quince minutos también

Bárbara: Seguro, hablamos del turno largo

Blas: Vale, por mí bien

Arantxa: Cuando os aclaréis, me atendéis

Inma: De verdad que maleducada es la gente ¿Tan difícil es esperar su turno?

Bárbara: Y Diego se viene conmigo a las doce

Diego: A mí ya he dicho que me da igual

Marta: Vale, estamos todos de acuerdo

Lucía: Habría que pasarlo a limpio

Blas: Habría que firmarlo, para que no hubieran malentendidos

Inma: ¿Es necesario Blas?

Blas: Bueno, yo lo digo porque…

Bárbara: Vale, da igual, lo pasamos a limpio, lo imprimimos, lo fotocopiamos y lo firmamos.

Diego: ¿Y vale para mañana?

Bárbara: No, mañana hacemos uno nuevo, las necesidades serán otras

Lucía: Perfecto

Bárbara: Entonces… quince minutos para fumar, cada vez que uno lo desee y una hora para desayunar especificada en el cuadrante ¿Todos de acuerdo?

Blas: Sí

Inma: Sí

Lucia: Sí

Diego: Sí

Arantxa: Un momento… ¿Todo este rato, habéis estando hablando sobre el desayuno?

Blas: Es un cuadrante para los turnos de desayuno

Arantxa: No me lo puedo creer

Bárbara: ¿Tu que narices quieres?

Arantxa: Compulsar un DNI

Bárbara: ¿Compulsar el DNI? Será compulsar fotocopia de DNI. Los DNI no se compulsan

Arantxa: Lo que sea

Bárbara: Aquí no es

Arantxa: ¿Cómo?

Bárbara: No es aquí, tienes que ir a la administración central. Calle Muntaner, 124

Arantxa: ¿Qué dices?

Blas: Que aquí no es

Arantxa: *(Por debajo, sin que se oiga mucho)* Sou uns cabrons, quina merda

Blas: ¿Perdona?

Arantxa: Perdón… Es que llevo todo el rato perdiendo el tiempo, para que ahora me digas que aquí no es

Diego: Pues no es necesario que nos llames cabrones… Como no se calme me veré obligado a actuar

Arantxa: Da igual, para que voy a discutir ¿Cómo voy hasta allí?

Inma: ¿Hasta dónde?

Arantxa: Hasta la administración central

Lucía: No puedes ir

Arantxa: ¿Cómo que no puedo ir? ¿Porqué?

Lucía: No le da tiempo, cierran en dos minutos, sólo abren de nueve a diez

Arantxa: Joder

Bárbara: Además su DNI está caducado, deberá pagar cuando se lo renueve

Arantxa: ¿Me lo pueden renovar aquí?

Bárbara: Claro

Arantxa: Menos mal, sirven para algo… Pues venga, por favor

Blas: Un momento… Ahora no lo podemos hacer…

Arantxa: ¿Qué pasa ahora?

Blas: Hay que pedir cita previa

Arantxa: ¡¡Esto es la ostia!! ¿Me pueden al menos dar cita previa?

Blas: *(Pausa. Se levanta)* Lo siento, son las diez, hay que respetar el cuadrante

(Se levantan todos, se van y dejan a Arantxa sola)

LO ÚNICO QUE QUIERO ES UN COLCHÓN

De Valeria Arredondo Alarcón

Mención especial del IV Premio de Textos de Teatro Carro de Baco.

LO ÚNICO QUE QUIERO ES UN COLCHÓN

De Valeria Arredondo Alarcón

Se abre el telón y en escena, a la derecha, aparece ELSITA hablando por el teléfono móvil. Tiene unos sesenta años y viste informal. Parece alterada e indignada al hablar. El parlamento de ELSITA de tan nervioso, no deja espacio a respuestas. A la izquierda de escena una mecedora espera vacía, solo cuelga de su respaldo el bolso de ELSITA.

ELSITA.- ¡Increíble! ¡Está completamente loca! ¡Y viene la señora con todo su chocho y me dice que ahora quiere un colchón nuevo! Claro, porque el otro tendrá ganas de calorcito y ésta ahora me viene con el cuento del colchón… ¡Y de dos plazas! ¿Tú crees que es normal? ¡A su edad! ¿Por qué no puedo tener una madre normal, de ochenta y cinco años? ¿Por qué, a ver? // ¡No! No me digas que me calme Alberto porque me pongo más nerviosa. ¡Claro, como no es tu madre!

En ese momento entra por izquierda MAMÁ, a paso lento. Es una mujer anciana, pero conserva su porte erguido. Camina lentamente hacia la mecedora y se sienta. Con la misma lentitud y una sonrisa en su expresión, acomoda su bata y comienza a mecerse.

ELSITA.- *(Mirando de reojo a su madre y bajando la voz hacia su interlocutor, protegiendo el teléfono con la palma de su mano. Casi en un susurro).* Alberto, que ha venido mamá, luego te cuento. // Sí, sí. Que me dejes en paz. Que estoy tranquila. Sí. Adiós, adiós… *(Corta el teléfono torpemente y se lo guarda en el bolsillo trasero de sus vaqueros).*
MAMÁ.- *(Con voz cantarina).* ¿Era tu Albertito?

ELSITA.- ¡Sí, mamá, era mi marido!

MAMÁ.- *(Haciéndose la desentendida, mientras coloca sus manos sobre su regazo y se mece con más velocidad).* ¿Y qué quería Albertito? ¿Ya te está controlando?

ELSITA.- ¡No, mamá, no me controla! *(Acercándose a ella y señalándola con el dedo índice como si regañara a un niño pequeño).* ¡Y no te hagas la tonta, que ya sabes de qué hablábamos!

MAMÁ.- *(Sacando un abanico de su bata y abanicándose con parsimonia).* ¿Yo? Yo no sé nada…

ELSITA.- ¡No! *(Alejándose de ella y haciendo aspavientos con sus manos).* ¡Si tú nunca sabes nada!

MAMÁ.- Te noto nerviosa, Elsita… ¿Quieres que te prepare una tila? *(Cerrando el abanico y haciendo ademán de levantarse con una sonrisa).*

ELSITA.- ¡No, mamá! ¡No quiero una tila! ¡Quiero un contenedor de tilas! ¡Mil litros y medio de tilas! ¿Pero tú en qué estás pensando, mamá? *(Con voz lastimera y arrodillándose en el lateral de su madre).*

MAMÁ.- ¿En qué estoy pensando, de qué, mi amor? *(Cogiéndole la cara y mirándola fijamente a los ojos).*

ELSITA.- *(Levantándose de golpe y alejándose de su madre).* ¿De qué, mamá? ¡De que te echaste un novio a mis espaldas! ¡A tu edad! ¿Y encima ahora quieres un colchón nuevo? A ver mamá… *(Volviendo a acercarse a su madre pero permaneciendo de pie).* ¿Explícame para qué?

MAMA.- ¡Ay, Elsita! *(Abriendo el abanico lentamente y masticando las frases).* ¿Para qué va a ser? Para…

ELSITA.- *(Interrumpiéndola rotundamente).* ¡No, mamá! ¡No me cuentes!

MAMÁ.- *(Cerrando el abanico de golpe).* ¿Y entonces para qué me preguntas?

ELSITA.- ¡Porque no lo entiendo, mamá! ¡No lo entiendo! ¡Eres una señora! *(Moviéndose de un lado a otro en la sala, sin acercarse a su madre).*

MAMÁ.- Exacto… *(Volviendo a abrir su abanico e irguiéndose en la mecedora).* Una señora de noventa años que se echó… *(Sonriendo con malicia y meciéndose con suavidad).* Un yogurín de setenta y cinco…

ELSITA.- *(Parándose en seco y mirando fijamente a su madre).* ¿Setenta y cinco?

MAMÁ.- Sí, y es italiano además… *(Aguantándole la mirada a su hija y meciéndose con más brío).*

ELSITA.- ¿italiano? *(Acercándose por detrás y parando bruscamente la mecedora).* ¡Mamá, que ese tío lo único que quiere es sacarte el dinero!

MAMÁ.- ¿Qué dinero? ¡Si cobro el mínimo! *(Volviendo la cabeza hacia atrás y mirándola).*

ELSITA.- ¡Mamá, que se quiere aprovechar de ti! *(Soltando la butaca con brusquedad y provocando que su madre se balancee con la inercia).*

MAMÁ.- ¿Aprovecharse?

ELSITA.- ¡Sí, mamá! *(Parando nuevamente el vaivén de la butaca. Y hablándole al oído mientras abre mucho sus ojos).* ¡Vete tú a saber las ideas depravadas que tiene!

MAMÁ.- Elsita… *(Señalándole para que se arrodille a su lado y ELSITA, accediendo).* Te estás equivocando… Yo con mis noventa años sigo sintiendo… *(Balanceándose nuevamente).* La necesidad de cariño no se pierde con la edad mi amor… Pierdes vista, pierdes oído, pero no la necesidad de que te quieran…

ELSITA.- *(Desde el suelo y parando la butaca con desesperación).* ¿Y papá?

MAMÁ.- Papá murió hace casi treinta años, Elsita… *(Empezando a balancearse obstinadamente).* Los mismos que hace que cambié el colchón… Uno individual por cierto, total, para dormir sola…

ELSITA.- ¿Y su memoria? *(Levantándose con una agilidad impropia de su edad).* ¡Se estará revolviendo en la tumba! *(Persignándose rápidamente y elevando su mirada al cielo).* ¡Qué Dios te tenga en su gloria, papito!

MAMÁ.- Elsita, todo tiene su momento… Todo tiene su principio y su fin… Y ha llegado el fin de mi colchón…

ELSITA.- ¡No mamá, no vas a cambiar el colchón! *(Volviendo a pararle la mecedora y obligando a su madre a hacer una reverencia un tanto grotesca).* ¡El colchón está bien!

MAMÁ.- No Elsita, el colchón no está bien… *(Abriendo su abanico en toda su amplitud con un golpe seco).* Y mi vida tampoco lo estaba hasta que conocí a mi mafioso italiano… *(Volviendo a balancearse, pero ahora, con los ojos cerrados).*

ELSITA.- ¿Pero tú te estás oyendo, mamá? *(Alargando sus manos hacia su madre y llevándoselas luego sobre su propio pecho en un sollozo actuado y contenido).* ¿Acaso nosotros no te damos el cariño que necesitas?

MAMÁ.- Sí Elsita, pero no solo del cariño vive una mujer… *(Parando en seco la mecedora).* Perdón, una señora como bien has dicho… *(Volviendo a darle movilidad a la mecedora).* Tú sabes cuánto hace que no me tocaban a mí… *(Poniendo los ojos en blanco).* ¿La fibra?

ELSITA.- Mamá, no pienso tener una conversación contigo sobre eso… *(Envarando el cuerpo y casi en un grito).*

MAMÁ.- *(Con una media sonrisa irónica en la cara, sabiendo que va ganando la partida).* ¿Entonces te parecerá bien que hablemos de mi nuevo colchón?

ELSITA.- *(Enfrentándose a ella, con una autoridad sobreactuada).* ¡No mamá, no me parece bien!

MAMÁ.- Elsita, tú sabes el tiempo que hace que no… *(Se abanica "con una agilidad poco propia para su edad").*

ELSITA.- ¡Basta mamá! *(Coge rápidamente su bolso que cuelga de la mecedora y se lo cuelga haciéndolo volar.)* ¡Me voy! *(Comienza su retirada por derecha, pero antes de salir espeta).* ¡Recapacita, mamá, recapacita!

MAMÁ.- *(A viva voz y a sí misma, compartiéndolo con el público).* ¿Que recapacite sobre qué? ¡Si yo lo único que quiero es un colchón!

Comienza a sonar "Ti amo" de Humberto Tozzi. MAMÁ permanece sentada meciéndose con lentitud y sutil romanticismo. Suspira varias veces… Se produce lentamente el oscuro.

EL ENCARGO

De Marcelo Galliano

Mención especial del IV Premio de Textos de Teatro Carro de Baco.

EL ENCARGO

De Marcelo Galliano

En una oficina elegante, un hombre de unos 60 años (Don Alsina) se encuentra sentado frente a su escritorio. La postura debe ser de alguien preocupado, pensativo. El hombre está vestido con buena ropa: saco, camisa y pañuelo al cuello, y un caro reloj en su muñeca. Su aspecto general es el de una persona de buen nivel económico, un terrateniente acostumbrado a mandar. Entra en escena otro hombre (Empleado) también de unos 60 años, vestido más modestamente, como si fuera un capataz de campo, con una expresión de inseguridad, casi de temor. La oficina tiene una ventana. Toda la escena transmite lentitud y misterio. La iluminación será penumbrosa.

Don Alsina. *(Advierte que el Empleado entró y que espera que él levante la vista y diga algo. Entonces habla con sequedad)* Te puedes sentar, si quieres.

(El empleado toma asiento. Don Alsina agarra una caja de habanos que está sobre el escritorio, y le ofrece al Empleado. El Empleado niega con la cabeza y luego el propio Don Alsina saca un puro y la cierra.)

Don Alsina. *(Con lentitud)* Es por interés. Digo, la silla, el cigarro que te ofrezco, nada de esto es cordialidad, aunque así lo creas. Te vuelvo a necesitar una vez más, como en tantos años.

Empleado. *(Como quien teme lo que va a oír)* Treinta cinco.

Don Alsina. *(Despunta el habano)* Treinta y cinco, sí. Ni uno más, ni uno menos.

(Don Alsina enciende el cigarro tomándose su tiempo, lo lleva a la boca, lanza una bocanada de humo y mira la cara inamovible del Empleado tras la nube gris).

Don Alsina. Te repito que esto no es una gentileza. Mi hija ya decidió, ya me hizo el pedido. *(Pierde un poco de frialdad, como si no pudiera disimular que el tema a tratar lo conmueve)* Pero no... yo no puedo...

Empleado. *(Se apresura a hablar como intentando un descargo)* En cuanto a lo que pasó...

Don Alsina. *(Lo acalla sin levantar la voz y con lentitud)* Shhhh.... Mejor ahorrarse discursos, ¿no te parece?

Empleado. Pero....

Don Alsina. Las palabras de desgastan de tanto usarlas y después no significan nada. Y uno quiere hablar cosas importantes pero se le derriten apenas salen de la boca. Es entonces cuando todo lo que se dice pierde sentido, si es que todo lo que pasó lo tiene. ¿Tú qué crees?

Empleado. *(Incómodo, tragando saliva)* El chico va a ser castigado.

Don Alsina. Mmm, no tengo dudas Tampoco tengo dudas en que debe tener una justificación para lo ocurrido.

Empleado. *(Con algo de énfasis, como quien intenta una defensa a una acusación, pero manteniendo una postura perdedora)* Son jóvenes, y a esa edad uno confunde las cosas.

Don Alsina. *(Levanta levemente la voz)* Mi hija en cambio no se confunde, como te dije, ya decidió *(Lleva el cigarro a la boca y vuelve a exhalar humo. Retorna al tono pensativo)* Pero a mí me es imposible cumplir su deseo. Hablar de justicia por mano propia...

Empleado *(Intenta no quebrarse)* Eso sería terrible.

Don Alsina Terrible, sí, y muy injusto por esta... *(duda)* llamémosle relación laboral que nos ha unido a vos y a mí durante estos años.

Empleado Estoy de acuerdo con usted, Don Alsina. Además, lo que sucedió...

Don Alsina. *(Interrumpe, se pone de pie y camina lentamente hacia la ventana de la oficina. Se queda mirando al exterior)* Lo que sucedió. No está mal definirlo así, ¿no? ¿Para qué dar detalles? La verdad hay que calzársela sobre los hombros como un abrigo fino, y no tirarla a la cara como un trapo sucio. Lo que sucedió. Punto.

Empleado. Es que no está claro…

Don Alsina. *(Interrumpe, girando violentamente y mirando al Empleado)* ¿No? Pero mi hija lo tiene muy claro, según parece. La arboleda, la noche, el forcejeo… *(Se acerca al empleado en gesto casi amenazante)* Me dijo que ella no dio motivos…

Empleado. *(Con algo más de miedo y luego de un breve silencio)* Pero usted sabe…, los chicos…

Don Alsina. *(Interrumpe con sequedad)* Ella es la que sabe. *(Breve silencio) (En voz un poco más baja, como un eco reflexivo)* Ella es la que sabe, sí. Sabe lo ocurrido y lo que desea. *(Se aparta unos pasos y vuelve a caminar por la oficina)* Qué extraño, ¿no? La gente nunca sabe lo que quiere hasta que la vida se lo demuestra de un sopapo.

Empleado. *(Comienza a agitarse, como si fuera a llorar en cualquier momento)* Don Alsina, usted no puede tomar al pie de la letra lo que ella…

Don Alsina. *(Más racional)* No, claro que no. *(Sentándose nuevamente)* No puedo aceptar lo que ella me pide. Imagínate tú…, tantos años a mis órdenes…

Empleado. *(Afirma con la cabeza nerviosamente)* Muchos años.

Don Alsina. Treinta y cinco dijimos, ¿no?

Empleado. *(Se apresura a afirmar)* Treinta y cinco

Don Alsina. Sería una locura pensar que yo… *(Reflexivo y con una sonrisa amarga)* Una locura…, una verdadera locura…

Empleado. *(Comienza a reír nerviosamente)* — Usted lo ha dicho Don Alsina, hemos pasado tantas cosas

Don Alsina. *(Se larga a reír)* —Sí, tantas cosas.

Empleado *(Afloja un poco su tensión y también ríe con ganas)* —Y esto que pasó es una cosa más.

Don Alsina. *(Aminorando su risa)* ¿Te parece? *(El empleado deja de reír y se queda mirándolo sin gesticular)* Yo creo que no.

Empleado. *(Vuelve a preocuparse)* Don Alsina…

Don Alsina. *(Endureciendo el tono y remarcando las palabras "mi hija")* Mi hija cree que no. Está convencida. Y tan convencida está que mira lo que me vino a pedir. Y me lo pidió sin rodeos eh, tan así que tuve que me costó hacerle olvidar la idea.

Empleado. *(Se agita ante el duro tono de su jefe)* Don Alsina

Don Alsina. Yo que siempre le cumplo todos los caprichos, le tuve que decir que no, que eso no, que eso no puedo....

Empleado. *(Temeroso)* Mi hijo es un buen chico.

Don Alsina. *(Afirma con la cabeza, casi con cinismo)* Mmm.

Empleado. A veces comete errores, es cierto, pero...

Don Alsina. Errores... sí...

Empleado. ...son cosas de la edad.

Don Alsina. ¿Cosas de la edad? Qué insólito, mi hija en cambio posee una rara madurez, una envidiable templanza que creo que heredó de mí. Por eso no me extraña su seguridad en esto. *(Vuelve a llevar el cigarro a la boca y lanza otra bocanada de humo)* Aunque ya te dije que yo no estoy de acuerdo con lo que me pidió.

Empleado. No se arreglaría nada.

Don Alsina. *(En voz reflexiva pero casi burlona, como no tomando en serio a su interlocutor)* No se arreglaría nada.

Empleado. Sería inútil.

Don Alsina. Inútil, tú lo dijiste, totalmente inútil.

Empleado. *(Sonríe nerviosamente)* ¿Qué se ganaría con eso?

Don Alsina. *(Aparentemente racional)* Nada, absolutamente nada...

(El empleado, más agitado aún, afirma con la cabeza como diciendo "coincidimos")

Don Alsina. ...Este asunto no quedaría saldado si yo ejerciera justicia por mano propia. *(Nuevamente reflexivo, aunque toma cierto tono patológico)* Aparte..., yo no sería capaz de hacerlo, son treinta cinco años, una vida, casi.

Empleado. *(Más temeroso)* Casi una vida, sí.

Don Alsina. *(Abre uno de los cajones del escritorio y observa lo que hay dentro)* Una vida a mis órdenes.

Empleado. Su hija va a entender…

Don Alsina. *(Sin quitar la mirada del interior del cajón)* No… no creo. Es obstinada como yo.

Empleado. Pero quizá más adelante…

Don Alsina. *(Saca lentamente un arma del cajón y la revisa con minuciosidad)* No, no la conoces.

Empleado. Pero tal vez con el tiempo.

Don Alsina *(Negando con la cabeza y sin quitar la vista del arma)* No, ya te dije, está muy decidida, al extremo de llegar a pedirme eso a mí.

Empleado. *(Mirando fijamente el arma que Don Ordoñez tiene en las manos)* Pero usted…

Don Alsina. No, quédate tranquilo, para mí es imposible por todo lo que acabamos de decir.

Empleado. *(Comienza a temblar)* Treinta cinco años

Don Alsina. Treinta y cinco años, si.

Empleado. *(Temblando más)* Ni un más ni uno menos.

Don Alsina. *(En tono falsamente melancólico, sobreactuado, decididamente enfermizo)* Casi una vida, sí, casi una vida *(Toma el arma del caño y se la ofrece al Empleado)* Por eso no puedo, con tu hijo no puedo. *(El Empleado mira el arma en su mano, temblando más y más)* Ella tendrá que entender que yo… con tu hijo no puedo…

(El empleado se pone de pie y camina lentamente, sin quitar la vista del arma que tiene en la mano. Don Alsina lo observa salir de la oficina y casi con soberbia vuelve a pitar el cigarro y a lanzar una bocanada de humo)

EL VIAJE

De Andrés Cirac Cirac

Mención especial del IV Premio de Textos de Teatro Carro de Baco.

EL VIAJE

De Andrés Cirac Cirac

Una habitación de tamaño mediano; las paredes desnudas y pintadas de blanco. Al fondo, una puerta; a la izquierda, una silla; a la derecha, una cama cubierta con una sábana blanca. Del techo cuelga una lámpara cuyo foco ilumina la parte central de la estancia, quedando el resto en semipenumbra. Ningún otro tipo de mobiliario ni de elementos decorativos.

Hay un hombre tendido en la cama con los brazos cruzados sobre el pecho, ÉL, que viste traje gris oscuro. Su edad ronda los setenta años. Permanece inmóvil durante toda la representación, y cuando habla el movimiento de sus labios apenas ha de ser perceptible. En el otro extremo de la habitación, una mujer, ELLA, de una edad parecida. Lleva un vestido largo, pasado de moda y de vivos colores. Al inicio de la representación está de pie, junto a la silla.

ELLA.- Si hay algo que no soporto es el frío, y hace tanto frío en esta habitación... *(Apoya las manos en el respaldo de la silla; luego, tras unos instantes de duda, se sienta.)*

ÉL.- ¿Dónde estoy? (ELLA *se levanta y se dirige hacia donde está* ÉL, *pero a medio camino se detiene de repente y permanece unos segundos en actitud pensativa)*

ELLA.- Me había parecido...

(ELLA regresa donde está la silla. Se sienta y dirige la mirada hacia el suelo.)

ÉL.- ¿Dónde estoy?

ELLA.- *(Alza la vista. Sonríe.)* Me gustaría poder recordar aquella canción que hablaba de un de un viaje, de un largo viaje...

ÉL.- ¿Qué está pasando? ¿Qué me está pasando?

ELLA.- A ti nunca te ha gustado viajar, marido, Viajar por el mundo era mi sueño: Francia, Inglaterra, Brasil... pero sobre todo Italia; lo que habría dado por ir a Italia.

ÉL.- Es como si estuviera soñando, pero de alguna manera sé que no estoy soñando.

ELLA.- Mi madre me enseñó a coser, me enseñó a planchar, me enseñó a ser diligente y honesta... Me enseñó muchas cosas, pero nunca me enseñó a decir que no.

ÉL.- Y si no es un sueño, ¿qué me está pasando? Quizá he recibido un fuerte golpe en la cabeza y por eso me siento confundido y desorientado.

ELLA.- Nunca nos entendimos demasiado bien, ¿verdad, marido? Toda una vida juntos para terminar descubriendo que somos unos perfectos extraños; unos extraños que han compartido durante más de cuarenta años la casa, la comida, la cama... Tal vez si hubiéramos viajado juntos como siempre ha sido mi deseo ahora las cosas serían muy distintas, aunque quién sabe.

ÉL.- Una posibilidad para explicar mi situación: por alguna razón que desconozco, he entrado en un estado de coma; sin embargo, es evidente que estoy soñando, que estoy...

ELLA.- No hay nostalgia más cruel que la de quien añora lo que pudo haber sido y no fue. Los años pasan, las semillas germinan, al verano le sigue el otoño, luego el invierno, más tarde la primavera, y vuelta a empezar... ¿Qué hacemos aquí? Seguramente nuestro único destino en el mundo consista en servir de abono para la tierra.

ÉL.- Si estoy en coma, al menos no he perdido la conciencia que me permite articular con cierta coherencia determinadas ideas y pensamientos; si estoy soñando, soy plenamente consciente de ello, y sé que tarde o temprano despertaré.

ELLA.- Todo el mundo debería tener la posibilidad de vivir otra vida distinta, de empezar desde cero. Una segunda oportunidad.

ÉL.- En mi sueño no hay imágenes, ni luces, ni sonidos, todo es... No, ni siquiera es negro. *(Pausa.)* ¿Sueñan así los que han sido privados desde su nacimiento de los sentidos de la vista y del oído? ¿Es el mío el sueño de una persona sorda y ciega? Sin embargo, soy consciente de que carezco de algo que poseía o que imagino que poseía: la capacidad de ver, de oír... ¿Cómo podría echar en falta lo que nunca he tenido? *(ELLA se levanta, se acerca lentamente a la cama y se queda mirando fijamente a ÉL.)*

ELLA.- Nunca te lo dije, marido, pero desde siempre he sabido lo tuyo; tus correrías por ahí, tus queridas, tus mentiras... Bien sabes que desde que nos casamos nunca he estado con otro hombre; tú, en cambio, no has podido o no has querido conformarte con una sola mujer. *(Pausa larga.)* Cuántas veces he fingido ignorancia, despreocupación, indiferencia. *(Pausa.)* Llámalo como quieras, pero hay una palabra que lo define mejor que ninguna otra: estupidez. Sí, marido, he sido una estúpida, y no puedes imaginarte cuánto me arrepiento de ello. Ahora sé que el amor no puede ir acompañado de la falta de dignidad, del silencio cobarde, del perdón concedido a quien no lo merece; y más aún, a quien ni tan siquiera sabe que está siendo perdonado.

ÉL.- Es un sueño extraño, un sueño que parece no tener principio ni fin. No es una pesadilla, es algo distinto, como la sensación de angustia que conlleva una gran pérdida.

ELLA.- Sabes que me hubiera gustado tener un hijo. *(Pausa.)* No pudo ser. Un hijo donde volcar lo mejor de... ¿Lo mejor de mí? ¿Lo mejor de los dos? Seguramente ha sido mejor así.

ÉL.- ¿Cuánto hace que estoy soñando? En los sueños el tiempo no se rige por ninguna norma lógica; podría llevar durmiendo una hora o toda la noche, y mi percepción de su duración sería idéntica en ambos casos.

ELLA.- Todo lo que nos rodea dejará de existir, marido, todo dejará de existir; los árboles, los pájaros, las puestas de sol... Lo perderemos todo...

ÉL.- Es extraño, pero no consigo recordar mi nombre...

ELLA.- No sé qué me está pasando, no tengo fuerzas ni para mantenerme en pie...

ÉL.- No recuerdo mi nombre, tampoco recuerdo ningún nombre de nadie. *(Pausa.)* Ninguno.

ELLA.- *(En voz alta.)* ¿Qué te ocurre, marido? ¿Por qué estás tan callado? Esos silencios tuyos me los conozco muy bien... Nunca has sido muy hablador, pero lo que has ocultado, lo que no has dicho, ¡cómo lo has dicho!

ÉL.- Blanco y negro son nombres de colores; no recuerdo ninguno más, pero seguro que hay otros, tiene que haber otros.

ELLA.- No me digas que tienes una reunión de trabajo imprevista y que hoy tampoco podrás venir a casa a cenar. Quiero que sepas una cosa: tú no has conseguido engañarme nunca. *(Alzando la voz.)* ¡Nunca! *(Más tranquila.)* Yo, en cambio, me he engañado muchas veces, demasiadas. *(Pausa.)* Y eso no me lo perdono, no me lo perdonaré jamás *(Pausa.)* Marido, estoy siendo muy dura contigo, y es porque quiero que entiendas que ya es demasiado tarde para arreglar las cosas; aunque, ahora que lo pienso, siempre ha sido demasiado tarde ¿no crees? *(Pausa larga.)* Me siento muy cansada, como si no hubiera dormido en varios días, como si no hubiera dormido nunca...

ÉL.- (Con una voz débil, apenas perceptible, que a partir de este momento conservará hasta el final.) Aquel caballito de cartón... ¿Era blanco o negro? ¿O no tenía color? ¿Cómo son las cosas que no tienen color?

ELLA.- Debería intentar dormir un poco, seguro que después me encuentro mucho mejor... Siempre me ha sentado bien dormir; media hora de siesta y estaré otra vez como nueva.

ÉL.- ¿Y si no estoy soñando ni en coma?

ELLA.- ¿Por qué te empeñas en ignorarme, marido? Nunca me escuchas cuando te hablo, nunca me escuchas...

ÉL.- ¿Y si he muerto? No, no puede ser, estoy vivo porque estoy pensando, puedo pensar, puedo...

ELLA.- Mi madre me enseñó a cocinar y a coser desde muy niña; pensaba que eran habilidades que toda mujer debía conocer, también las únicas realmente útiles. Pero no se lo reprocho, eran otros tiempos... Recuerdo que siempre me decía: tienes que ser una mujer decente, eso es lo más importante. Yo he intentado toda mi vida ser una mujer decente, y lo más triste es que al final lo he conseguido.

ÉL.- ¿Qué hay después de la muerte? ¿Son todas las muertes iguales o la muerte de cada persona es diferente a las demás? ¿Cómo sabré cuando muera que he muerto?

ELLA.- En un día tan especial como hoy me he puesto mi vestido favorito, es el que llevaba cuando nos prometimos, aunque seguramente tú ya no te acuerdas. *(Se arrodilla ante la cama. Con voz muy dulce.)* ¿Por qué no me hablas? ¿Qué te ocurre? ¿Has vuelto a enfadarte conmigo?

ÉL.- ¿Será la muerte un sueño que nunca termina? Un sueño sin luces ni sonido alguno, un sueño donde paulatina e inexorablemente se van perdiendo todas las referencias con la vida, hasta que al final no queda nada. Si la muerte es algo reconocible, su seña de identidad es sin duda la soledad más absoluta.

(ELLA se incorpora. Mira a la cara a ÉL.)

ELLA.- ¿Vas a pasar todo el día tumbado en la cama? ¿Y los preparativos del viaje? ¿Voy a tener que encargarme yo de todo, como siempre?

ÉL.- Es como si mi mente se fuera desvaneciendo poco a poco, los pasos que voy dejando atrás se van borrando… se van borrando casi al instante y…

ELLA.- ¿Sabes cuál ha sido el motivo que me ha animado a proponerte este viaje, marido? No te lo vas a creer, pero pensaba que podríamos acabar reconciliándonos de alguna manera, y así tener por fin la ilusión de ser lo que un lejano día quisimos ser, no la triste caricatura en que nos hemos convertido. Pero ya veo que, una vez más, mi voz clama en el desierto de tu indiferencia.

(ELLA se deja caer suavemente en la cama. Permanece unos segundos observando atentamente a su marido, y después adopta su misma postura: las piernas juntas, la mirada dirigida al techo y las manos cruzadas sobre el cuerpo. En ese momento se abre la puerta y entran UN HOMBRE y UNA MUJER; el hombre aparenta una edad de unos cincuenta años; la mujer, de algo menos de cuarenta. Se acercan a la cama y contemplan los dos cuerpos.

UN HOMBRE.- Siento que tenga que verlos en este estado, pero es el único familiar al que hemos podido localizar para que reconozca los cuerpos. ¿Son sus tíos?

UNA MUJER.- Sí, sin ninguna duda.

UN HOMBRE.- Como le he comentado antes, fue un accidente terrible, pero si le consuela saberlo, no creo que ninguno sufriera, y posiblemente ni tan siquiera llegaron a darse cuenta cabal de lo que les ocurrió Su tío murió al instante; su tía, aunque aún conservaba las constantes vitales cuando encontraron el coche en el fondo del barranco, estaba inconsciente y murió poco después de ser rescatada. Nada se pudo hacer por ellos.

UNA MUJER.- Este viaje era muy importante para los dos, pero sobre todo para mi tía, es lo que me comentó por teléfono hace apenas una semana. Habían decidido celebrar sus bodas de oro viajando a Italia, un país que ella adoraba aunque no lo había visitado nunca. Ni siquiera tuvieron ocasión de salir de los límites de la provincia.

UN HOMBRE.- Un viaje muy corto, demasiado corto para tan triste final.

LA VERDADERA HISTORIA DE DON JUAN TENORIO

De Francisco José Pérez Cánovas

Mención especial del IV Premio de Textos de Teatro Carro de Baco.

LA VERDADERA HISTORIA DE DON JUAN TENORIO

De Francisco José Pérez Cánovas

(Centro del escenario, sentados en un banco; Dª Inés, mucho más alta que Don Juan, ligeramente ladeada y medio tapándose el rostro con un pañuelo anudado en uno de sus dedos, en realidad es un hombre, circunstancia que no oculta al público, pero sí a Don Juan. Don Juan, muy cerca de Doña Inés le susurra al oído. Los dos personajes visten camisa blanca y pantalón oscuro. Luz tenue. Música suave).

D. JUAN.- ¿No es verdad ángel de amor que en aquella apartada orilla más clara la luna brilla... *(Silencio, mira los focos, repite la frase recreándose en las palabras)* más clara la luna brilla... *(La luz se intensifica iluminando la escena)* y se respira mejor?

Dª INÉS.- ¿En aquella apartada orilla ó en aquesta apartada orilla? *(Indicando con el dedo un extremo del escenario)*

D. JUAN.- *(Pensativo)* En aquesta, por supuesto, en aquesta apartada orilla.

Dª INÉS.- *(Muy decidida)* Pues, vos dijisteis en aquella y no aquesta, pero si os place podemos trasladarnos de orilla, si más clara la luna brilla...allí.

D. JUAN.- Nada hay más placentero que estar con vos en aquesta *(marcando las sílabas)* apartada orilla.

Dª INÉS.- *(Pensativa)* Ya... pero si más clara la luna brilla en aquella *(alargando las sílabas)* apartada orilla, que hacemos nos en aquesta *(alargando las sílabas)* apartada orilla, que por cierto, muy poco la luna brilla.

D. JUAN.- *(Impaciente)* Y dale con la orilla... *(Silencio. Hablando con galantería)* ¿No es verdad ángel de amor que...*(hablando muy* *lento)* en cualquier apartada orilla más clara...igual de clara la luna brilla y se respira mejor.

Dª INÉS.- *(Silencio)* Bueno... a cualquier cosa llamáis vos la luna brilla.

D. JUAN.- *(Desesperado)* ¡¡Ya!!

Dª INÉS.- *(Enfadada)* Veis, dijisteis ¡ya!

D. JUAN.- ¿Qué dije yo?

Dª INÉS.- Ya

D. JUAN.- Ya, ya...Pero ¿Qué dije yo?

Dª INÉS.- Ya, vos dijisteis ya.

D. JUAN.- ¿Quién yo?

Dª INÉS.- Ya... digo, sí.

D. JUAN.- ¿Estáis segura de que dije yo, ya?

Dª INÉS.- Vos dijisteis ya, cuando dije yo... algo.

D. JUAN.- ¿Vos dijisteis yo?

Dª INÉS.- No, yo no dije yo.

D. JUAN.- Acabáis de decir yo.

Dª INÉS.- No, no dije yo refiriéndome a yo... a mí, sino dije yo refiriéndome a vos.

D. JUAN.- O sea, que cuando vos decís yo ¿os referís a vos misma y no a mí?

Dª INÉS.- *(Desesperada)* Cuando yo digo yo en voz de tú, me estoy refiriendo a mí que sois vos y que por alusión al decir yo quiero decir te.., tú.., vos. ¡¡¿Está claro?!!

D. JUAN.- *(Silencio, pensativo)* ¡Ya! *(Dª Inés suspira furiosa y D. Juan responde muy rápido)* Digo yo... digo claro.

Dª INÉS.- *(Muy digna)* No está tan claro, pues no tan clara la luna brilla.

D. JUAN.- *(Incrédulo)* ¿Ah, no?, ¿No brilla la luna con claridad en esta apartada orilla?

Dª INÉS.- *(Hablando despacio)* Es que... orilla, orilla, lo que se dice orilla...

D. JUAN.- *(Mirando a su alrededor)* Acaso, ¿no os place esta orilla?

Dª INÉS.- *(Desencantada)* Ummm, ufff…

(Silencio, D. Juan silba, tose…Hasta que Dª Inés habla resolutiva).

Dª INÉS.- Orilla; dícese del término, límite o borde de una superficie.

D. JUAN.- *(Absorto, duda. Por fin, resolutivo, coge a Dª Inés del brazo y la lleva al borde del escenario, gesticulando ostensiblemente)* No es verdad ángel de amor, etc., etc... que en esta cercana orilla *(recreándose en las palabras y señalando el borde del escenario)* se respira mejor.

Dª INÉS.- *(Poco entusiasmada)* Hombre, respirar, lo que se dice respirar mejor…

D. JUAN.- *(Lanzado y paseando por el escenario)* Respirar, respirar mejor se puede respirar mejor aquí, allí no, aquello es un antro, allí te da como un ahogo en el pecho cuando insuflas el aire y está como sucio, sí, además allí es como si jadeases, así, uff, uff, *(hablando cada vez más rápido)* Pero en esta orilla de aquí, hombre aquí es otra cosa, tomas aire, uff, y sueltas uff, inspiras, uff, expiras, uff, otra cosa muy distinta es que tengas asma, hombre si tienes asma, entonces, ni aquí, ni allí, no respiras, bueno sí respiras porque si no te mueres, pero respiras bastante peor y tendríamos que decir que en esta apartada orilla se respira con cierta dificultad, pero con la medicación adecuada y con mucha paciencia, es un problema que se puede llevar, otra cosa es la historia de la contaminación, hombres esto… *(Mira de reojo a Dª Inés que está desesperada, D. Juan habla dubitativo)* tú, tú.., ¿Tú no tienes asma, verdad? ¿No? ¿Por dónde iba? ¡Ya! *(se lanza otra vez)* ¡respirar!, hombre respirar, respirar, lo que se dice respirar…

(Dª Inés enfadadísima suelta un grito).

D. JUAN.- ¡¡Ehhhhh!!

(Silencio, D. Juan no sabe qué hacer y silba nervioso, se aleja del borde del escenario, vuelve y por fin habla).

D. JUAN.- Volverán las oscuras golondrinas a posarse…No, esto no es... ¡ah, sí! Me gustas cuando callas porque estás como ausente… no, esto tampoco es...

(Dª Inés se acerca a D. Juan y le susurra algo al oído).

D. JUAN.- *(Bobalicón)* ¡Eh! ¿Qué?

(Dª Inés repite la acción anterior).

D. JUAN.- *(Sin enterarse de lo que le quiere decir Dª Inés)* Que te haga ¿qué? ¡No hombre, no! Aquí, delante del público…

Dª INÉS.- *(Desesperada se vuelve hacia D. Juan y le grita, deja ver por primera vez su rostro)* ¡No es verdad ángel de amor, venga, sigue!, no es verdad ángel de amor…

D. JUAN.- *(Absorto al verla)* ¡Pardiez un hombre!

Dª INÉS.- Pardiez un hombre, no, ángel de amor, ángel de amor…

D. JUAN.- *(Continua absorto)* Ángel si, ángel…vos sois ángel de amor, ángel y no ángela.

Dª INÉS.- *(Resuelta)* No creo yo que la obra especifique el sexo de los ángeles.

D. JUAN.- ¡Zorrilla!

Dª INÉS.- *(Violenta)* ¡Ehhhh! Sin faltar que te doy una…

D. JUAN.- No, Zorrilla, Zorrilla el autor, sí especifica cómo era Dª Inés.

Dª INÉS.- ¿Ah, sí? Y ¿cómo era?

D. JUAN.- *(Dubitativo)* No sé… pero, con otro talle.

Dª INÉS.- *(Con malicia)* ¡Vaya! Y dice Zorrilla que D. Juan era de esta talla.

D. JUAN.- *(Ofendido)* Eso son minucias, pequeñeces.

Dª INÉS.- *(Riendo)* Eso, eso, pequeñeces.

D. JUAN.- *(Resolutivo)* En fin, terminemos esta farsa de una vez *(recobra el aspecto teatral de enamorado)* Dª Inés…digo, D. Ángel, yo por vos, yo por vos me desvelo, vivo sin vivir en mí, sois para mí como un faro en una tempestad, como un oasis en el desierto, como una torre inexpugnable…

Dª INÉS.- *(Que ha seguido anonadada y zalamera el parlamento de D. Juan, da un respingo de desagrado al escuchar esta última palabra que no ha entendido muy bien, se coloca en jarras delante de D. Juan y habla)* Que soy una ¿inepu qué?

D. JUAN.- *(Acobardado, balbuceando)* Inexpugnable,.. que no se puede pugnar…. que se pugna, pero es inex…que…es…como…como una torre, como una torre sin más, una torre ahí en medio, ella sola…, pero un pedazo de torre que ya, ya

(Dª Inés se queda un poco más convencida y replica muy teatral).

Dª INÉS.- Don Juan, sin palabras me hallo.

D. JUAN.- Doña Inés…Don Ángel... Don Vos...Don usted mismo… a mis brazos.

Dª INÉS.- Juanillo, a los míos.

(Se abrazan, D. Juan intenta levantar a Dª Inés, pero no lo consigue, entonces Dª Inés coge en brazos a D. Juan y se lo lleva, en mitad del escenario se detiene y habla).

Dª INÉS.- Y como dijo Zorrilla: nadie es perfecto.

(Caminan hacia el lateral izquierdo del escenario mientras discuten).

D. JUAN.- ¿Seguro que eso lo dijo Zorrilla?

Dª INÉS.- Seguro, no me contradigas.

(Salen, baja la luz, música suave).

METAMORFOSIS

De Tatyana Galán de Anta

Mención especial del IV Premio de Textos de Teatro Carro de Baco.

METAMORFOSIS

De Tatyana Galán de Anta

Antonio y Trini. El ve la tele como si no hubiera un mañana. Ella bate huevos mientras charla. Él está sentado, ella de pie. Ella se mueve, él está muy estático.

Trini- Antonio, ¿Tú has oído hablar de Kafka?...
Antonio- ¿Quién?
Trini- Franz Kafka.
Antonio- ¿Que es el rumano este que ha montado abajo el taller?
Trini- No seas bruto, ¡Es el escritor alemán... Antonio!
Antonio- Ah, no, yo prensa no leo...
Trini- Que no, Antonio, que escribía libros, novelas... y están llena de temas y arquetipos sobre la alienación, la brutalidad física y psicológica, los conflictos entre padres e hijos, personajes en aventuras terroríficas, laberintos de burocracia, y transformaciones místicas.
Antonio- Pero ¿y tú de donde te has sacao todo eso?
Trini- Pues Antonio de la Wikipedia, que hay que estar al día. Es que no sabemos nada. Este hombre, Kafka, hablaba del existencialismo, del porqué del ser...
Antonio- ¿De la cadena ser? ¿Pero salía también por la radio?
Trini- Que no, de los seres humanos, de nosotros, de por que existimos. ¿Como iba a salir hablando por la ser, si no hablaría castellano? Era de Austria.
Antonio- No sé que te ha dado esta noche con ese tema tan raro. ¿Y tú desde cuándo usas la chikipedia esa?
Trini- La Wikipedia, Antonio, que no te enteras. Pues le dije a tú hijo que me enseñara a usar el ordenador, que hay que modernizarse. Ya tengo "imeil" y todo...
Antonio- ¿El qué?

Trini- Pues como lo de las cartas de los buzones de toda la vida, pero sin cartero, ni moto, todo por internete.

Antonio- ¡Ay que joderse lo que te aburres!, si tuvieras que ir a trabajar no estabas para ponerte a mirar esas tontadas.

Trini- Me estoy cultivando Antonio.

Antonio- Yo pensé que cultivar, se cultivaban las plantas.

Trini- ¡Y las personas!, eso sí que es importante, saber del mundo. Fíjate si tú y yo en vez de hablar de los furúnculos que le han salido a tu madre, y del perro de la vecina que se caga en el portal, hablásemos de Kafka, o de Miguel Ángel...

Antonio- ¿Tu primo el de Extremadura?

Trini- No, Antonio, el artista, el de la Capilla Sixtina.

Antonio- ¿Y a mí que coño me importa ese señor?

Trini- Pues era un visionario, y uno de los más grandes artistas de la historia tanto por sus esculturas como por sus pinturas y obra arquitectónica.

Antonio- ¿Eso también te llegó por "imail"?

Trini- No, es de la Wikipedia, como lo de Kafka. Hay un montón de información, de todo tipo, y la pone ahí la gente que sabe mucho. Cualquiera puede escribir sobre cualquier cosa, y luego vas tú y lo buscas para saber más.

Antonio- ¿Y de mí que dicen?

Trini- No creo yo que estés tú en la Wikipedia, Antonio. Ahí está la gente importante.

Antonio- ¡Anda la hostia!, la lista...

(Silencio, sonido de huevos batiéndose.)

Trini- Y ya he chateao alguna vez también.

Antonio- ¿Que dices, Trini, que es eso?

Trini- Pues hablar con otras personas, de Kafka y otros personajes interesantes de la historia.

Antonio- ¿Pero, que personas? *(La mira por primera vez.)*

Trini- Pues personas, gente que se cultiva, y entran en los chats para conocer a otras personas interesantes, y también cultivadas... Hombres y mujeres...

Antonio- Hombres...

Trini- Sí, hombres.

Antonio- Hombres cultivados.

Trini- Sí, Antonio, hombres cultivados que hablan de arte.

Antonio- Esos lo que quieren es hacerse una paja delante de la pantallita mientras tú crees que hablas con "erutitos".

Trini- ¡Eruditos, Antonio!

Antonio- Bueno, mira, que me da igual, déjame de chorradas y venga esa tortilla, coño.

(Silencio.)

Trini- A veces me hablan de la lencería.

Antonio- ¿Que dices, que lencería?

Trini- Pues la mía, ¿cuál va a ser?...

Antonio- ¿A las bragas esas blancas les llamas tú, lencería?

Trini- Que desagradable eres, Antonio. Pues ellos me preguntan...

Antonio- A ver, ¿que coño te preguntan?, concretamente.

Trini- Por la ropa que llevo. La de dentro y la de fuera.

Antonio- ¿Y tú que les dices?

Trini- Que estoy casada, y que a mi marido no le gustaría que fuera contando eso por ahí.

Antonio- Pues muy bien, Trinidad, eso es lo que tienes que hacer. *(Se gira de nuevo a la tele.)*

(Silencio.)

Trini- Algunos me piden que ponga la "cam".

Antonio- Está claro que no voy a ver el partido... ¿Que leches es eso de la "cam"?

Trini- La cámara, Antonio, la cámara web.

Antonio- ¡Ay la hostia, cuanta gilipollez! ¿Pero tenemos de eso?

Trini- Tu hijo tiene de todo. Yo creo que se habla por ahí con la novia.

Antonio- ¿Y los hombres esos del chat quieren verte por ahí?

Trini- Sí, y dicen que hasta pagarían por verme.

Antonio- ¡Que humor!

Trini- Que desagradable eres... ¡Cualquier día enchufo el cacharro ese y me saco una teta, ya verás!

Antonio- ¡Anda, no digas tonterías!, déjate de Wikipedias y wescanes...

Trini- No, Antonio, yo ya estoy harta, no me valoras nada, no me siento atractiva, y esos hombres del chat me desean.

Antonio- Por qué no te han visto todavía...

Trini- ¡ves, ya estás...!

Antonio- Mujer, que es broma... *(Se levanta a darle un abrazo.)*

Trini- Es que no me valoras nada. ¡Lo que yo te diga que me voy a entregar al cibersexo!

Antonio- Anda, tonta... *(La achucha por detrás.)*

(Silencio. Trini parece satisfecha con la muestra de afecto. Antonio se separa, queda pensando.)

Antonio- Oye Trini, ¿Y cuánto se puede sacar con la wescan, esa?

Trini- Ay Antonio, y yo que sé. Lo del sexo por internet está muy cotizado, eso sí, es que la gente se siente muy sola, y muy frustrada...

Antonio- Coño, pues igual es un negocio.

Trini- Anda, anda, que se te va la cabeza.

Antonio- ¿Y hay parejas, también?

Trini- Pues habrá... ¡Yo que sé, habrá de todo!

Antonio- Oye Trini, que igual nos podemos sacar unos euros... *(Se acerca insinuante.)*

Trini- ¿Pero que dices Antonio? ¿Tú te estás oyendo? ¡Eso es una indecencia!

Antonio- Anda, mujer, que igual de esta nos hacemos millonarios. Venga, vete a por el cacharro ese, que nos ponemos a tono a ver cómo va la cosa... *(Se acerca buscándola, insinuante, para convencerla.)*

Trini- Que no, Antonio, que nos puede ver cualquiera... Ahí enredados, sudorosos, como dios nos trajo al mundo, entregados a los placeres de la carne... *(Se va animando.)*

Antonio- Anda, mujer... ¡Que nos lo vamos a pasar bien, y encima ganamos dinero...!

Trini- A ver, que voy a por el cacharro... *(Sale a por el pc. Antonio se atusa, silba contento. Trini tarda.)*

Antonio- ¡Trini, que esto se apaga!

(Sale Trini por fin con un salto de cama la mar de hortera.)

Antonio- *(La mira atónito.)* ¿Pero que cojones te has puesto?

Trini- Hay que salir guapos, Antonio, que hay mucha oferta.

Antonio- Y de las ofertas sacaste tú este trapito, ¿no?

Trini- No seas tonto, es muy "chic".

Antonio- La madre que me parió... *(Dice como para sí.)*

Trini- Tú también tienes que estar presentable, toma ponte esto. *(Le pasa algo de ropa.)*

Antonio- ¿Pero esto que es? *(Empieza a ver la ropa de bombero.)*

Trini- Un trajecito muy majo que he comprado en los chinos de aquí abajo.

Antonio- Pero ¿cuándo?

Trini- Pues hará un mes...

Antonio- ¿Pero tú esto ya lo tenías preparado o qué?

Trini- No hombre, Antonio, no seas mal pensado... *(Va encendiendo el pc mientras Antonio se viste.)* Mira ya tengo yo una cuenta en PayPal para que la gente nos pague por ahí.

Antonio- ¿El que?

Trini- Nada, nada, que ya nos irán ingresando dinero todos los que se conecten a nuestra sala... www.matrimoniosexy.com

Antonio- ¿Matrimonio sexy?

Trini- Eso es, tú y yo...

Antonio- Ay que joderse... Bueno, a ver y yo, ¿qué hago ahora?

Trini- Pues mira, yo voy a estar aquí, que es donde mejor ángulo tiene la cámara y hay buena luz, y grito: ¡Fuego, fuego!, y entonces apareces tú por ahí, con tu manguera y ya a partir de ahí improvisamos...

Antonio- ¿Fuego, fuego?...

Trini- Sí, ¿Que quieres que grite si eres un bombero?

Antonio- Vale, vale... Yo espero... *(Sale.)*

Trini- *(Se pone en posición "Sexy" y empieza a sobreactuar con su texto. Pero Antonio no acaba de llegar.)* ¡Arde, arde la casa arde! *(Silencio.)* ¡Me quemo, que calor...! *(Silencio.)* ¡Ay un montón de llamas, un incendio! *(Antonio no aparece, Trini se mosquea.)* ¡Antonio, ¿Pero por qué no vienes?!

Antonio- *(Asoma la cabeza.)* Coño, aún no has dicho "Fuego, fuego".

Trini- ¡Pero si me he desgañitado gritando que había un incendio, y llamas, y que ardía!...

Antonio- Pero mi señal era "Fuego, fuego", no me líes...

Trini- Vale, vale, ya grito fuego...

Antonio- ¡Claro, no te salgas del guion! *(Se esconde de nuevo. Trini queda sola. Se prepara otra vez.)*

Trini- ¡Fuego, fuego!, Socorro... ¿Quién podrá apagar mi calor?...

Antonio- ¿Alguien ha gritado "fuego"? *(Entra insinuante con pose forzada.)*

Trini- ¡Aquí, aquí, señor bombero, me quemo, ardo...!

Antonio- ¡No se preocupe, señora, apagaré su fuego con mi descomunal manguera a presión!...

Trini- *(Se queda parada de pronto.)* ¿Descomunal manguera?

Antonio- Sí, ¿Qué pasa?

Trini- Hombre, Antonio, no sé. Es un poquito exagerado. Tú siempre has sido de pene normal.

Antonio- ¿Como que de pene normal?

Trini- Sí, apañadito, sin más.

Antonio- Coño, la de los limones...

Trini- ¿Cómo que limones?

Antonio- Sí Trini, limoncitos... *(Le pellizca un pecho.)*

Trini- ¡Que desagradable eres, Antonio, de verdad!

Antonio- Coño, ¡La que dice que tengo un pene "apañadito"!

Trini- No sé, por qué te picas... ¡Pero manguera descomunal, está claro que no es...!

(Se oye una voz que sale del pc.)

Voz PC- "Ha conseguido llegar a 2 millones de visitas, enhorabuena".

Antonio- ¡Hostias Trini, 2 millones de personas viéndote ponerme verde!

Trini- ¡2 millones, Ay Antonio, que eso es un montón de euros!

Antonio- Pero si no se nos ha visto nada... aún.

Trini- ¡Para lo que hay que ver...!

Antonio- Anda, que habló la modelito, ¡No te jode!

Trini- Que des...

Antonio- Desagradable, sí...

Trini- Mira, ya se me han quitado las ganas, voy a seguir con la tortilla, anda y te quedas tú y tu manguera...

Voz PC- "Las visitas han aumentado en 100.000 personas más".

Antonio- ¡Hostias, Trini, que esto sigue subiendo!

Trini- Hay que joderse, lo que se aburre la gente. *(Mientras sigue batiendo huevos).*

CAMBIO DE AIRES

De Synara Vergara

Mención especial del IV Premio de Textos de Teatro Carro de Baco.

CAMBIO DE AIRES

De Synara Vergara

Nos encontramos en un salón sencillo, de una casa modesta. Es pequeño y hay pocos muebles, en el centro, un sofá. María, una mujer de unos 35 años, se encuentra sentada en el sofá. Viste de estar por casa con unos pantalones de chándal y una camiseta cómoda, luce, además, un moño. Está aparentemente cansada, agotada. Mira la televisión, concretamente el telediario.

Presentador. *"El número de parados registrados en las oficinas de los servicios públicos de empleo se situó al finalizar diciembre de 2011 en 4,42 millones de personas, tras subir en 322.286 desempleados en el conjunto del año, con un aumento porcentual del 7,86% respecto a 2010, según los datos publicados por el Ministerio de Empleo y Seguridad Social... En concreto, el volumen"* (María apaga la televisión, inquieta, y deja la mirada perdida, pensativa. Entra Juan, vuelve del trabajo.)

Juan. Hola, cariño. ¿Cómo ha ido el día?

(No obtiene respuesta)

Juan. Cariño...

María. *(Cortante)* Bien, ha ido bien.

Juan. ¿De verdad?

(No obtiene respuesta)

Juan. María, por lo menos contéstame, esto a veces es frustrante...

María. Perdona...

Juan. Ya sé que la situación es difícil, pero...

María. Dejemos el tema, por favor.

Juan. Está bien, perdona. *(Pausa.)* ¿Te apetece cenar algo?

María. No he preparado nada.

Juan. Tranquila, ya lo preparo yo.

María. No. Ahora lo haré.

(Silencio)

Juan. ¿Dónde está…?

María. Durmiendo.

Juan. *(Conciliador)* Lógico.

(Silencio incómodo. Juan mira a María, ella, con la mirada perdida.)

Juan. Cariño, deberías hablar del tema…

María. No.

Juan. Pero el psicólogo te ha dicho que tienes que…

María. No.

Juan. El psicólogo dice que te irá bien hablar del tema, expresarte…

María. No.

Juan. Por favor, deja de comportarte como si tuvieras cinco años…

María. Deja el tema, por favor…

Juan. Necesito que vuelvas.

(Silencio.)

Juan. Sé que estás ahí, y te necesito conmigo, te echo de menos…

María. No puedo…

Juan. *(Se sienta a su lado y la abraza)* Me tienes aquí para todo, lo sabes…

María. No puedes hacer nada, Juan.

Juan. Tienes razón, no puedo hacer nada más que estar a tu lado, esto no depende de mí. Tú eres la

única que puedes hacer algo para volver… Pero tenlo en cuenta, tienes un hijo y un marido que te

necesitan y que te quieren con locura.

María. *(Se rompe)* Yo… Juan, no puedo…

Juan. Sí, sí que puedes cariño… Ya sé que piensas que todo acabó ese día, pero no es así, tienes que

verlo como una oportunidad, como un cambio, como…

María. Para mí ese día fue horrible. No me lo recuerdes, no es ninguna oportunidad.

Juan. Sí que lo es, María… Eres maravillosa, trabajadora, responsable, tienes sentido del humor,

eres muy muy inteligente… ¿Cómo no va a ser indicio de una nueva oportunidad?

María. ¿Entonces por qué ese día se acabó?

Juan. Porque lamentablemente hay gente estúpida por el mundo que todavía vive en la edad de piedra…

María. Ya, pero…

Juan. No, nada de *"ya, peros"*, eres una mujer fuerte…

María. ¿Y por eso me echaron?

Juan. No, fue porque como te he dicho hay…

María. Sí, ya *"hay gente estúpida por el mundo que todavía vive en la edad de piedra" (Con sorna)*

Juan. Cariño… ¿Qué empresa en su sano juicio es capaz de echar a una de sus mejores trabajadoras por el simple hecho de quedarse embarazada? Tú sabes mejor que nadie que lo que hicieron fue deleznable, así que, por favor, tómatelo como una oportunidad de abrirte a nuevos caminos aborales, de aprender, de…

María. ¿De continuar en el paro como la mayoría de los españoles?

Juan. No, de intentarlo de nuevo como esa mayoría de españoles…

María. Juan, déjalo.

Juan. No, no puedo dejarlo. Estoy cansado… Cada día es lo mismo, estás en un bucle, no avanzas ni quieres salir de ese remolino… Parece que quieras quedarte ahí, hundida, viendo la vida pasar, sin disfrutar de todo lo maravilloso que te rodea… ¿Que no encuentras trabajo? ¡Tranquila! Gracias a Dios, mantengo mi trabajo, aprovéchalo y disfruta de nuestro hijo, ayúdale a crecer… Si sigues así lo que vas a conseguir es que el niño nazca en un entorno de hostilidad… Y nuestros sueños, nuestras ilusiones no eran esto, eran crecer juntos, disfrutarnos día sí y día también… Por favor, María… Te necesito conmigo.

(Silencio)

Juan. *(Con la voz entrecortada)* Por favor…

María. Sé que está en mi… Y sé que por esto te estoy perdiendo y estoy perdiendo a nuestro hijo, pero me siento en un pozo y no sé cómo salir... Estoy asustada, no consigo encontrarme y ya no sé qué hacer, no sé por dónde empezar, no sé hacia dónde ir... Estoy perdida... Se me pasan muchas cosas por la cabeza, pero ninguna sé cómo llevarla a cabo, sé que necesito trabajar, lo noto, tanto tiempo sin hacer nada no es para mí... ¿Qué hago, Juan?

Juan. Empieza por intentar quererte... Y valorarte.

María. Sí... Tengo que pasar página. Y me quiero, eso lo tengo claro, pero... No, nada *"de peros"*, mañana mismo saldré a la calle y comenzaré a moverme... Tengo que conseguir cumplir lo que me proponga...

Juan. ¡Sí, exacto, eso es! *(Se abrazan y se dan un beso.)*

(El bebé llora. Los dos corren a calmarlo)

TEDIO

De María Luisa Latorre Torá

Mención especial del IV Premio de Textos de Teatro Carro de Baco.

TEDIO

De María Luisa Latorre Torá

Un anciano, sentado sobre un pequeño banco de piedra, dobla y desdobla una hoja de papel con impaciencia, intentando dar forma a una figura. Desiste, estruja el papel y lo lanza sobre su hombro. Suspira y rebusca en una vieja mochila. Saca un molinillo de papel, lo mira con orgullo y lo pincha en un parterre que hay junto al banco. Sigue sacando más molinillos de colores. Por un camino de grava, llega otro anciano apoyándose en un bastón, idéntico al de Charlot, que es evidente que no necesita. Trae bajo el brazo un bastón-silla, como los que usan los cazadores.

ESTRAZA: Llegas tarde.

BALDIMIRO: La partida de mus... que se ha alargado más de la cuenta. *(Despliega el bastón-silla y lo clava en la tierra. Se sienta y mira al frente.)* Todo listo, Estraza.

ESTRAZA: ¿Empezamos ya?

BALDIMIRO: Ya.

ESTRAZA: Estas no son horas; hubiera preferido por la mañana.

BALDIMIRO: Te dije que...

ESTRAZA: Además, va a llover.

BALDIMIRO: ¿Llover...? *(Ríe. Levanta su bastón de Charlot a modo de paraguas)* ¡Pues menos mal que vine preparado!

ESTRAZA: Ríete, sí...

BALDIMIRO: Pero si nunca aciertas, hombre.

ESTRAZA: Nos calaremos hasta los huesos.

BALDIMIRO: ¡Oh, venga ya, Estraza; calla y vigila!

ESTRAZA: Total para nada. ¿O es que abren por la tarde los... los... eso de ahí enfrente?

BALDIMIRO: No, los bancos no abren por la tarde. Pero, ¿ves?, hay luces encendidas.

ESTRAZA: Serán los limpiadores.

BALDIMIRO: Es el director. He oído decir que los últimos martes de cada mes se reúne con los empleados. No tardará en salir.

ESTRAZA: Yo sólo lo he visto de lejos. ¿Lo distinguiremos en la oscuridad?

BALDIMIRO: ¡Claro! Siempre usa pajaritas…

ESTRAZA: ¿Siempre?

BALDIMIRO: …de colores vistosos. Cuando yo estuve en su despacho, llevaba una amarilla con lunares rojos.

ESTRAZA: A ver si hoy hubiera suerte…

BALDIMIRO: De esta noche no pasa que lo tengamos frente a frente.

ESTRAZA: Bueno, y si no cualquier otro día. Lo que nos sobra es tiempo.

BALDIMIRO: Cuanto antes sea, mejor; que en el momento en que me llame mi hijo, me estoy yendo.

ESTRAZA: ¿Pero aún no te ha llamado?

BALDIMIRO: Hombre, ya sabes lo que son las obras… "En cuanto esté la habitación terminada, -me dijo- te vienes para acá". Va a acristalar una parte del balcón; no será muy grande, pero a mí me basta.

ESTRAZA: Y tanto… *(Bostezando)* Poco movimiento hay ahí enfrente ¿no? *(Intenta hacer otra figura pero no le sale. Arruga el papel y lo lanza por encima de su hombro)* Baldomero… *(Silencio)* ¡Eh, Baldomero!

BALDIMIRO: *(Contenido, mascullando entre dientes)* ¡Estamos de vigilancia!

ESTRAZA: Ya lo sé… *(Reacciona)* ¡Oh, siempre se me olvida! Es que no me sale lo de Balde… Baldi…

BALDIMIRO: ¡Baldimiro!

ESTRAZA: ¡Anda que tú también…!

BALDIMIRO: Así me llamaban en el sindicato. De Vladimir y Baldomero, salió Baldimiro.

ESTRAZA: ¿De Vladimir?

BALDIMIRO: Bueno, sonaba a comunista… ¡Qué tiempos aquellos! Desde los trece años bajando a por carbón. *(Pausa)* A mi hijo no le tiraba ese oficio, cambió el polvo negro de la mina por el blanco de la harina.

ESTRAZA: Duro es también. Mucho madrugar... A mí nunca me gustó madrugar.

BALDIMIRO: Tampoco a él. Dejó de amasar pan y montó una inmobiliaria, creyendo que el dinero también se amasaba. "¡Panadero a tus hogazas…!" –le decía yo-. "Que nosotros estamos de este lado, del de los currantes pero honrados. ¡Deja que especulen otros!"

ESTRAZA: Mal no le habrá ido; que moverse dinero, se ha movido.

BALDIMIRO: ¿Moverse…? Para mí que alguien se lo guardó en los bolsillos y ése no fue mi hijo.

ESTRAZA: ¡Vaya!

BALDIMIRO: De la noche a la mañana tuvo que echar la persiana porque se lo comían las deudas. Y menos mal que yo le firmé un aval, que, con cuatro criaturas, ya me dirás.

ESTRAZA: ¡Ay, los hijos! ¡Qué no se hará por ellos…!

BALDIMIRO: La casa, perderla no la perdió; el que perdió la suya fui yo. Se la quedaron los de ahí enfrente. Bien sabes tú de quién es la culpa.

ESTRAZA: ¿De quién?

BALDIMIRO: ¡Del de la pajarita!

ESTRAZA: Ya, del de la pajarita… A ver si hoy…

BALDIMIRO: Siempre sale bien trajeado y se mete corriendo en un coche negro metalizado.

ESTRAZA: Verde.

BALDIMIRO: ¿Qué?

ESTRAZA: Es mi color favorito.

BALDIMIRO: … en un coche verde metalizado.

ESTRAZA: *(Sonriendo)* Eso.

BALDIMIRO: Esta vez seremos más rápidos que él.

ESTRAZA: Eso.

BALDIMIRO: ¿Sabes? Para mí que nos rehúye.

ESTRAZA: ¿A nosotros?

BALDIMIRO: A todos los que lo buscamos para que nos dé explicaciones. *(Pausa)* Si yo no le voy a hacer nada, lo único que quiero es hablar con él; saber si duerme bien, de un tirón, como duermo yo.

ESTRAZA: *(Que ha intentado hacer otra figura y acaba estrujándola)* ¡Bah, no me sale!

BALDIMIRO: Es que ese papel…

ESTRAZA: No es el papel. De pequeño, iba al colmado de mi padre y hacía montones de aviones, barcos y pajaritas con papel de estraza; ese tan duro y áspero con el que envolvían las sardinas… Cuántos no haría, que con el apodo de Estraza me quedé. *(Silencio)* No, no es el papel; soy yo, que ya no puedo recordar cómo lo he de doblar.

Se detienen unos pasos que hemos oído acercarse por el camino de grava.

BALDIMIRO: *(Mirando al frente y alzando el bastón)* ¡Muy buenas! *(Silencio)* ¿Cómo dice? *(Silencio)* Ah, sí, descansando un rato, sí… Hemos salido a dar una vueltecita y… *(Silencio)* ¡Oh, ya lo creo! Una tarde muy buena para estar tan avanzado el otoño.

ESTRAZA: No tan buena ¿eh? Fijo que esta noche llueve.

Silencio

BALDIMIRO: *(Ríe)* Tiene usted razón, nunca acierta. Cómo se nota que le conoce bien…

ESTRAZA: *(Enfadado)* ¡Lloverá!

BALDIMIRO: *(Alzando el bastón)* ¡Vayan ustedes con Dios!

Los pasos se alejan. Estraza y Baldimiro quedan mirando al frente. Éste último juguetea con el bastón, haciéndolo oscilar como un péndulo. Se detienen los pasos y oímos las voces de dos hombres.

VOZ 1: Mire cómo ha quedado el luminoso.

VOZ 2: Esto es obra de gamberros.

VOZ 1: Esta juventud de ahora ya no respeta nada.

VOZ 2: Sujete usted la escalera, que subo a echar un vistazo para valorar los daños.

VOZ 1: Yo no sé en qué piensan, no lo sé... Si ni estudian ni trabajan, pues claro, de alguna manera tienen que gastar la energía que les sobra.

VOZ 2: Bueno, veo que no es muy grave el destrozo.

VOZ 1: ¿Puede arreglarlo?

VOZ 2: Sólo tiene unas cuantas abolladuras y un cable destrozado a pedradas.

VOZ 1: Mejor. No estamos para hacer gastos extras poniendo un cartel nuevo.

Durante unos instantes, el movimiento pendular del bastón va acompasado con el sonido de un diapasón. De repente, cesan movimiento y sonido.

BALDIMIRO: ¡Ahí está!

ESTRAZA: ¿Quién?

BALDIMIRO: ¿Quién va a ser? Está medio de espaldas. Va a cruzar hacia allá. *(Pliega el bastón-silla y echa a andar. Sale del escenario)* ¡Eh, oiga!

ESTRAZA: *(Va detrás)* Espérame.

BALDIMIRO: *(Vuelve a entrar. Va con el brazo estirado, agarrando el bastón-silla con la mano. Estraza va detrás)* Disculpe, sólo quiero hablar con usted un momento. *(Acelera el paso. Echa a correr. Van dando vueltas por el escenario)* ¿Por qué corre? *(Pausa)* ¡No corra! *(Pausa)* ¡Maldita sea! ¡Ya está bien! *(Con el bastón de Charlot engancha el bastón-silla)* ¡Alto de una vez! *(Siguen corriendo)* ¡Párate ya, cabrón! *(Se detienen bruscamente y, con un giro de muñeca, encara la empuñadura del bastón-silla hacia él. En un movimiento rápido le coloca una corbata anudada que se saca de un bolsillo interior)*

ESTRAZA: ¡No lleva pajarita!

BALDIMIRO: ¡Oh, perdone la confusión!... Creía que era usted otra persona. *(Baja el bastón-silla y sigue hablando a la lejanía)* ¿Cómo dice?... ¿Loco yo? ¡Habrase visto! *(Pausa)* ¡Pues bueno, denúncieme!

ESTRAZA: ¡Qué poco aguante tiene la gente!

BALDIMIRO: *(Para sí)* Ya le he pedido disculpas, ¿qué más quiere?

Silencio

ESTRAZA: Hoy tampoco lo hemos conseguido.

Baldimiro, abatido, se sienta en el banco y oculta la cara entre sus manos.

ESTRAZA: Pero hemos estado más cerca que nunca ¿verdad? ¿Has visto la cara de susto que ha puesto cuando le has agarrado por el cuello?

BALDIMIRO: Los bastones-silla no tienen ni cara ni cuello.

ESTRAZA: ¿A qué viene eso?

BALDIMIRO: Estoy cansado de esta farsa. *(Pausa)* Nunca iré a vivir con mi hijo.

ESTRAZA: ¿Le vas a hacer ese feo?

BALDIMIRO: Lleva más de dos años diciéndome lo de la habitación. ¿Tanto dura una simple reforma?

Pausa larga. Estraza se sienta también.

BALDIMIRO: ¿Qué hora será?

ESTRAZA: Por cómo rugen mis tripas, la de cenar.

BALDIMIRO: *(Se levanta y echa a andar)* Pues vámonos rápido, que si no…

ESTRAZA: *(Recoge su mochila y le sigue)* Espera, que voy.

BALDIMIRO: ¿Lo llevas todo?

ESTRAZA: Todo.

BALDIMIRO: ¿Seguro? Mira al cielo.

ESTRAZA: Qué le pasa…

BALDIMIRO: Para mí que esta noche va a descargar agua ¿no crees?

Estraza le mira y esboza una amplia sonrisa.

BALDIMIRO: Los molinillos…

ESTRAZA: ¡Oh, válgame, que se me van a deshacer! *(Vuelve y recoge los molinillos de papel olvidados en el parterre) (Al fondo del escenario parpadean unas luces, como queriendo encenderse)* ¿Qué vamos a hacer mañana?

BALDIMIRO: ¿Mañana…?

ESTRAZA: ¿Seguiremos con la vigilancia?

Finalmente se enciende un cartel luminoso, un tanto maltrecho, en el que aún puede leerse: "Residencia Buena Vida".

BALDIMIRO: ¡Vaya! Vuelve a funcionar.

ESTRAZA: *(Con decepción)* Sí…

BALDIMIRO: Buscar piedras de buen tamaño, sin levantar sospechas, nos llevará hasta el mediodía.

ESTRAZA: Las gordas cuesta encontrarlas.

BALDIMIRO: Esta vez no podemos fallar, camarada Estraza; tenemos que hacerlo añicos.

ESTRAZA: Acabaremos con él, camarada Baldo… Bladi… ¡Camarada!

BALDIMIRO: *(Riendo)* ¡Vamos, date prisa, que hoy tengo hambre!

¡YO PRIMERO!

De Rafael Blasco López

Mención especial del IV Premio de Textos de Teatro Carro de Baco.

¡YO PRIMERO!

De Rafael Blasco López

Acto único. Escena única

Personajes: Dos hombres de cincuenta años, llamados Paco y Juan, un antenista de color y el ángel de la guarda de los tres.

Llegan a la cornisa de la terraza de un edifico, Paco y Juan, cada uno por un extremo, no se conocen de nada, no se percatan el uno del otro. Abatidos y cabizbajos, se sientan en la cornisa con las piernas colgando en el vacío a un metro uno de otro. Miran hacia abajo y afirman con la cabeza, miran al cielo y niegan, cruzan las miradas y saltan sin levantarse, asustados. Se escucha un leve ruido de tráfico.

Juan: Esto… (Temeroso) yo es que…

Paco: (En el mismo tono) Sí… supongo que igual que yo… o eso creo.

Juan: Sí claro, es así. No íbamos a estar aquí para otra cosa...

Paco: Es evidente, pero claro, la situación ahora cambia.

Juan: Un poco extraña sí que es…

Paco: Ya, y así por curiosidad… ¿lo suyo es por…?

Juan: Dinero, más bien la falta de él, vamos, ruina económica. ¿Y usted?

Paco: Amor, o desamor, según se mire… No tiene sentido mentirle, me engañó con otro. Pero, aunque sea por poco tiempo, tutéame si quieres, ¿cómo te llamas? Lo digo por romper el hielo más que nada.

Juan: Juan ¿y tú? Aunque me parece que van a ser nuestros huesos los que se van a romper.

Paco: Francisco, Paco para los amigos.

Juan: ¡Bueno Paco, amigo breve! No nos queda mucho más por decir, así que, es mi hora. (Hace intención de levantarse, pero Paco lo sujeta por el brazo)

Paco: ¡Un momento, un momento! (Mueve sus manos) Te saltas un pequeño detalle. ¡Yo estaba aquí antes! Por eso, yo seré el primero.

Juan: ¡Sí hombre y qué más! ¿Qué pasa, acaso tienes zona V.I.P de salto? ¡De eso nada, yo primero que para eso lo he dicho!

Paco: Tal vez tengas razón... total, para lo que nos queda de vida...

Juan: ¿La vida, qué es la vida?

Paco: ¿La vida? La vida es una paradoja inversa que muta cambiando su realidad, cada vez que la rozas con la punta de tus sueños.

Juan: (Desganado) Qué profundo estás.

Paco: Profundo vamos a caer pronto.

Juan: Eso tú, yo espero ir para arriba. (Alza sus dedos índices al cielo)

Paco: Qué más da ya, total, la vida no es más que los recuerdos de la infancia, el amor y los hijos cuando son niños.

Juan: Es cierto... Mira Paco, me caes bien, además, justo ahora me llegan recuerdos a mi mente. ¡Tú primero!

Paco: (Duda) a mí también me llegan... A un caballero como tú, se le cede el paso.

Juan: (Duda) No, no, por favor, ya me has demostrado tu clase, tú primero.

Paco: (Brusco) ¡Qué saltes ya, coño!

Juan: Pues vale, total, los palos de la vida también me llegan a la memoria... me veo viviendo en la calle... Yo primero

Paco: ¡Pero a mí me han puesto los cuernos! Yo primero.

Juan: Puede, pero yo no tengo ni techo, ni comida, ni nada de nada. ¡Yo PRI-ME-RO!

Paco: Lo mío es una herida de amor ¡Yo primero!

Juan: ¡Y una mierda, los pobres primero!

(Aparece el antenista, un hombre de color, se sienta entre los dos con un bocadillo envuelto en papel de aluminio. Paco y Juan lo miran extrañados)

Paco: Supongo que viene usted a lo mismo.

Antenista: Claro, ¿qué otra cosa podría hacer aquí?

Juan: ¿Y no tenías otro sitio ni otro momento?

Antenista: Pues no, es aquí el lugar y la hora.

Paco: (Suspira desesperado) ¿Y no puedes escoger otra azotea?

Antenista: (Se enfada) ¡Pues no, es esta y punto!

Juan: Empiezo a estar un poco harto ya, ¿por qué no te vas a tu país para arreglar lo tuyo?

Antenista: Porque estoy en mi país y el lugar para arreglarlo.

Paco: ¡Encima chulo! ¡Vete de aquí ya, hombre! No eres capaz ni de dejar a dos amigos tranquilos.

Antenista: Yo solo quería sentarme para almorzar antes de terminar la faena.

Juan: ¡Qué valor, encima comes antes! No solo molestas, además te vas a comer un bocadillo, ¿y querrás ser el primero, no?

Antenista: Estoy aquí antes que vosotros dos, os he visto llegar

Paco: ¡Pero qué morro tiene el tío! (lo mira al rostro) De las dos clases, por cierto…

Juan: ¡y tanto! ¡Se merece un escarmiento! (Con desprecio) Llega a este país, nos quita el sitio y encima quiere ser el primero.

Paco: ¡Eso, eso! ¿Sabes que te digo, Juan? ¡Si quiere ser el primero va a serlo! ¡Sujétalo y lo lanzamos!

(Paco y Juan lo agarran por los brazos para tirarlo, el antenista grita)

Antenista: ¡NO, NO, NO, ESPERAR, ESPERAAAAAAAAAAAAAAR!

Juan y Paco a dúo: ¡A la de una! (Lo balancean) ¡A la de doooos! (Lo balancean) ¡Y a la de…!

(Aparece el ángel de la guarda en escena)

Ángel de la guarda: ¡DETENEOS!

(Paco y Juan lo sueltan sorprendidos, el antenista escapa y el ángel ocupa su lugar)

Paco: ¿Otro más?

Juan: Esto empieza a ser imposible. ¿Quién eres, el cuarto en discordia?

Ángel de la guarda: No. Soy un ángel haciendo un triple milagro

Paco y Juan: (estallan a reír) ¡Ja, ja, ja, ja, ja! ¡Muy bueno, tío! ¿Qué te has metido? Imagino que de todo, lo digo por la decisión final.

Ángel de la guarda: No. Ya te he dicho que estoy aquí para un triple milagro, bueno, doble ahora, uno ya ha salvado la vida. (Señala con los pulgares hacia atrás)

Juan: ¡No me lo digas, no me lo digas! ¡Quieres ser el primero!

Ángel de la guarda: No. Quiero evitarlo, yo ya estoy muerto.

Paco: ¡Juaaaaaaaaaaaan, siguiente en la lista!

(Lo agarran por los brazos, el ángel pone cara de pánico, lo tiran al vacío. Juan y paco chocan sus manos)

Paco: Y ahora a lo nuestro, ¿Tú o yo primero?

Juan: Si no te importa, quisiera ser yo el primero.

Paco: Nada, nada, para eso están los amigos.

(Aparece otra vez al ángel de la guarda y se sienta entre los dos)

Ángel de la guarda: No me acostumbro yo a esto de la vida eterna, ¡con lo poco que me gustan las alturas y vosotros, un par de imbéciles, me tiráis!

Paco: (Alucinado) Pero ¿cómo…?

Ángel de la guarda: ¿Otra vez a daros explicaciones? Ya os he dicho a los dos que soy un ángel de la guarda…

(Juan lo interrumpe)

Juan: ¡Pacooooooo, marchando un majareta al vacío!

(Lo tiran de nuevo)

Paco: (Mira al público) ¿Alguien más quiere ser el primero? ¡Buf, qué cansino!

Juan: ¡Y tanto! ¿Por dónde íbamos? ¿Yo primero?

Paco: No, dijimos que yo primero, pero ahora que nos conocemos bien, tú primero.

(Aparece de nuevo el ángel de la guarda y se sienta entre los dos otra vez)

Ángel de la guarda: A ver señores, ¿cuántas veces vais a tener que tirarme para convenceros de que soy un ángel?

(Paco y Juan, dudan y callan)

Ángel de la guarda: No sé qué queréis demostrar, pero, ¿no os bastan los recuerdos familiares para evitar esto?

(Paco y Juan agachan la cabeza avergonzados)

Paco: (Señala hacia atrás) ¿Y el moreno?

Ángel de la guarda: Además de racistas sois cafres, si no llego a tiempo os cargáis a un antenista, que solo pretendía sentarse a almorzar con los que creía que eran sus compañeros de empresa. ¿Tanto os domina la envidia para tirar a quién trata de ganarse el pan?

Juan: (Avergonzado) Deberíamos pedirle perdón…

Paco: Si es que lo tenemos.

Ángel de la guarda: Me basta con que entendáis una frase de Vicente Blasco Ibáñez, "Los muertos no mandan, manda la vida y sobre la vida el amor". No hay dinero ni desengaño, que valga más que lo único que no se paga con dinero ni traiciones, la vida.

(Paco y Juan afirman con la cabeza)

Ángel de la guarda: Entonces, ¿quién va a ser el primero?

(Juan y Paco lo miran asombrados)

Ángel de la guarda: En levantarse e irse, ¡Zopencos!

(Los tres se levantan y se marchan unidos por los hombros.

LOS CUERVOS

De Javier Rojo

Mención especial del IV Premio de Textos de Teatro Carro de Baco.

LOS CUERVOS

De Javier Rojo

En el solarium de la casa.

Las vidrieras han adquirido un color más vivo con el paso de los años. El sol se filtra débil, proyectándose sobre el suelo. Varios sacos abiertos de tierra están esparcidos por todo el espacio. Junto a ellos macetas de distintos tamaños y formas. Las plantas coronan el lugar.

Entra HORTENSIA, vestida de luto.

HORTENSIA - ¿Qué haces aquí todavía?

AZUCENA - Adecentar un poquito esto.

HORTENSIA - Eso, tú ponme más plantas para que me vuelva a caer.

AZUCENA - No estoy poniendo más, solo estoy cambiando las macetas rotas.

HORTENSIA - Bueno, pues haz lo que tengas que hacer y después te vuelves a tu casa. Que estará tu marido preocupado.

AZUCENA - Estoy segura...

HORTENSIA - A los maridos hay que cuidarlos, hay que tenerlos contentos.

AZUCENA - Mamá, deja de decir tonterías.

HORTENSIA - Te lo digo yo que llevo treinta años junto a tu padre y nunca nos ha faltado de nada. Tres hijos preciosos y cinco nietos maravillosos.

AZUCENA - Nueve.

HORTENSIA - ¿Nueve? ¿Cuáles son los otros cuatro?

AZUCENA - Luis, Silvia, Marta y....

HORTENSIA - Pamplinas. ¿Qué te crees, que me vas a engañar a mí? Tururú. Tengo la cabeza mejor de lo que la tendrás tú. Me acuerdo hasta de las provincias: Castilla la Nueva, Castilla la Vieja...

AZUCENA - ¿Quieres echarme una mano con las plantas?

HORTENSIA - No tengo el cuerpo para estar jugando a las jardineras.

AZUCENA - Venga, si será terminar de poner estas tres y ya está.

HORTENSIA - He dicho que no y es que no.

AZUCENA - Pero si te encanta y además relaja mucho.

HORTENSIA - Yo no necesito relajarme que estoy tranquilísima, a mí lo que me altera eres tú. (Alterándose) Que vienes aquí a moverme todo, y encima me quieres poner a trabajar cuando te digo que no me apetece, que después me duelen las manos y me dejas todo esto hecho un cristo lleno de tierra con las...

AZUCENA - Tranquila, tranquila, ya lo hago yo. (Golpea el tiesto suavemente por todos los lados y saca la planta.)

HORTENSIA - Las plantas no se cogen por ahí.

AZUCENA - ¿De dónde entonces?

HORTENSIA - De más abajo.

AZUCENA - ¿Así?

HORTENSIA - Trae que no te enteras. (AZUCENA le acerca la maceta y la planta hasta el sofá en el que está sentada.) El truco está en remover la tierra, para que se... se.... se....

AZUCENA - Se oxigene.

HORTENSIA - Eso, que se oxigene.

Silencio. Siguen trasplantando.

AZUCENA - Mamá, ¿por qué nos llamaste Azucena y Margarita?

HORTENSIA - Pero si ya lo sabes, te lo he contado mil y una veces. Debes sabértelo de memoria...

AZUCENA - Ambas sabemos que tú lo cuentas con más gracia.

HORTENSIA - Eso es verdad, muy graciosa no has salido. ¿Por dónde quieres que empiece?

AZUCENA - Por donde siempre.

HORTENSIA - Todo empezó porque una mañana...

AZUCENA - Una tarde.

HORTENSIA - No me corrijas, que justo lo iba a decir. Todo empezó porque una tarde vi mucho revuelo de pájaros. Pero mucho. Se iban todos a la parte de atrás del jardín. Por lo menos cuatro o cinco de esos, venga a picotear mis flores.

AZUCENA - ¿Qué flores?

HORTENSIA - ¿Cómo que qué flores? Hija... Azucenas y margaritas. No soporto que te hagas la tonta.

AZUCENA - Es que me gusta que cuentes también los detallitos.

HORTENSIA - Al principio me daban miedo, no quería ni acercarme. Pero conforme me acercaba vi lo que estaban haciendo. Y los espanté.

AZUCENA - Con la escoba.

HORTENSIA - Con lo que pude.

AZUCENA - ¿Y qué hiciste?

HORTENSIA - Pues ponerles un comedero a los pájaros esos para que no...

AZUCENA - Los cuervos.

HORTENSIA - ¿Eran cuervos?

AZUCENA - Claro.

HORTENSIA - ¿Tú sabías que una planta trepadora se arrastra hacia donde haya una vara?

(Qué vas a saber...) Jamás va hacia un lugar en el que no pueda crecer.

AZUCENA - Sabia es la naturaleza.

HORTENSIA - Si cambiamos esa vara de sitio y la ponemos al otro lado, la planta se mueve para llegar de nuevo al palo. ¿Cómo lo harán?

AZUCENA - Instinto de supervivencia... ¿Y si no cambia?

HORTENSIA - Si no cambia, la trepadora se pudre... y muere.

HORTENSIA se levanta y camina torpe, observando todos los objetos de la sala.

HORTENSIA - Te empeñas en cambiar todo de sitio. ¿Quiénes son estos ahora, los de la foto?

AZUCENA - Cuenta los que son.

HORTENSIA - Diez. (Pausa.) ¿Quién es la vieja esta de la foto? Se parece a mi madre...

AZUCENA - Mamá, esa señora de la foto eres tú.

HORTENSIA - ¿Yo? Sí hombre...

AZUCENA - Y los que están a tu lado son tus nueve nietos.

HORTENSIA - Y vuelta la burra al trigo... (Pausa) Si fuera la de la foto estaría con tu padre y yo no lo veo por ningún lado.

AZUCENA - La foto es del año pasado.

HORTENSIA - ¿Y eso qué tiene que ver?

AZUCENA - Nada, déjalo.

HORTENSIA - Me estás poniendo la cabeza tarumba. Vete a darle la tabarra a tu marido, que debe estar deseándolo.

AZUCENA - Dejemos el tema.

HORTENSIA - ¿Os habéis vuelto a pelear? (AZUCENA no responde) Sabía yo. ¿Qué ha pasado?

AZUCENA - Mamá, no me apetece estar hablando de ello.

HORTENSIA - Ya estáis grandecitos para estar con peleas de niños.

AZUCENA - ...

HORTENSIA - Tú siempre has sido muy de armar dramas... De pequeña eras igual, te podías pasar horas sin hablar cuando te enfadabas. Haz el favor de no ser tan orgullosa y de hablar con él, que tan grave no será como para que vengas aquí a enclaustrarte.

AZUCENA - Ahora resulta que soy orgullosa. ¿A quién habré salido?

HORTENSIA - A mí, desde luego. Pero para lo poco que has sacado vienes a elegir lo malo.

AZUCENA - Anda toma, bébete esto. Te sentará bien.

HORTENSIA - ¿Qué es?

AZUCENA - Quina Santa Catalina.

HORTENSIA - ¡Qué mentirosa! ¿No será veneno? Seguro que es veneno.

AZUCENA - Algo parecido.

HORTENSIA - Tú me quieres matar y quedarte con la casa.

AZUCENA - Bebe y lo comprobamos.

HORTENSIA - Está caliente.

AZUCENA - Sóplale.

HORTENSIA - Me bebo esto y después te vas. Que llevas aquí todo el santo día pegada a mí. Además, quiero preparar la cena para cuando llegue tu padre.

AZUCENA - Pero todo entero.

HORTENSIA - Hasta la última gota con tal de que me dejes en paz. *(Bebe)* Pero si esto sabe a… a… ¡a rayos!

AZUCENA - A ortigas. Es una infusión de ortigas. (HORTENSIA suelta el vaso que tiene entre las manos. Se rompe.) ¿Qué haces mamá! Deja eso ahí que te vas a cortar.

HORTENSIA - Vaya guarradas me das. Déjate de tanta infusión y tráeme una copita de chinchón, brindamos porque no ha pasado nada y te vas a hacer las paces.

AZUCENA - Mamá no puedes beber y yo tampoco.

HORTENSIA - De verdad… Es que te has vuelto un muermo. Yo no crié a una hija tan aburrida.

AZUCENA - Estás insoportable hoy.

HORTENSIA - Pues anda que tú.

AZUCENA - Como es la madre así es la hija.

HORTENSIA - Con frío, con calor, siempre el mismo mal humor.

AZUCENA - Mamá, ¿puedes parar?

HORTENSIA - Ya no aguantas ni un soplido.

AZUCENA - Llevas así toda la tarde.

HORTENSIA - Y lo que te queda.

AZUCENA - No te lo voy a consentir.

HORTENSIA - Vuelve a tu casa, te sentará bien un poco de hogar.

AZUCENA - Ganas no me faltan…

HORTENSIA - Sea lo que sea que haya pasado, ve y pídele perdón.

AZUCENA - Mamá, Miguel y yo nos divorciamos hace nueve años. (Silencio.)

HORTENSIA (confundida) - Siempre has sido muy poca cosa para él.

AZUCENA - ¿Qué clase de madre es capaz de decir semejante estupidez?

HORTENSIA - Yo. Que estoy cansada de aguantar cómo me invades la casa y haces conmigo lo que quieres.

AZUCENA - No tienes vergüenza...

HORTENSIA - Hace tiempo que la perdí, sí.

AZUCENA - No es lo único.

HORTENSIA - ¿Lo sabe ya tu padre? (No responde.) Aunque conociéndolo, le parecerá bien todo lo que hagas. Tal para cuál. (No responde.) ¿Qué pasa, las plantas te han robado el oxígeno del cerebro? En mi época se decía "te vas a quedar para vestir santos" pero ahora veo que se quedan para cuidar plantas.

AZUCENA - ¡Mamá...!

HORTENSIA - Además de sosa, tonta. Tonta y amargada.

AZUCENA - ¡Basta ya!

HORTENSIA - ¿La verdad te duele? Pues vuelve a tu casa.

AZUCENA - ¿Acaso sabes cuál es la verdad? ¿Quieres oírla?

HORTENSIA - Estás perdiendo la cabeza...

AZUCENA - Papá murió hace un año sin hablarte ¡porque no te aguantaba! Y el resto de tus hijos no quieren saber nada de ti porque alejas a todos los que quieren ayudarte. ¡Estás sola! ¡Sola! Sólo me tienes a mí. *La falda de HORTENSIA se empieza a empapar. El silencio se ve roto cuando la orina es absorbida por la tierra.*

AZUCENA - Mamá, ¿estás bien? (HORTENSIA rompe a reír.) ¿Mamá! (Sigue riéndose.) ¿De qué te ríes! (Sigue riéndose.)

HORTENSIA - ¿No querías abono? (Pausa.) Nunca has tenido sentido del... ¿A dónde vas?

Sale AZUCENA. Silencio.

HORTENSIA - ¿A dónde vas! ¡Mejor! ¡Sí, mejor! (Pausa.) Mejor... ¡Vete desagradecida!

HORTENSIA se recoloca la falda. Permanece inmóvil. La tarde, entretanto, avanza hacia la noche, tiñendo las vidrieras de naranja. El polvo que ha levantado la tierra permite ver cómo los rayos de sol alcanzan su pelo.

Entra AZUCENA.

Trae un barreño de agua con espuma. Una esponja flota dentro.

HORTENSIA - Justo iba a darme un baño.

AZUCENA - Estoy segura. Espera, que te ayudo a ponerte en pie.

HORTENSIA - Cuidado que aún me duele.

AZUCENA - Agárrate fuerte. No, pero de ahí no. Cógete mejor de aquí. A ver... Así, así. ¡Ya está! ¿Ves qué fácil?

HORTENSIA - No sabes cómo tengo los remos...

AZUCENA - Me hago una idea. (Comienza a desvestir a HORTENSIA) Levanta la pierna mamá.

HORTENSIA - Fíjate que no haber visto la maceta... Podría haberme quedado ahí en el sitio.

AZUCENA (removiendo el agua) - Está un poco caliente.

HORTENSIA - No importa. ¿Y todas estas plantas qué son?

AZUCENA - Plantas medicinales, como las que siempre has tenido.

HORTENSIA - ¿Tantas?

AZUCENA - Y más. Esto antes de ser el solarium era la terraza. Todo lleno de plantas, de todo tipo. Las vecinas siempre hablaban del vergel de la Hortensia. ¿Te acuerdas?

HORTENSIA - Sí... Bueno, ahora que lo dices, sí... Me quiere sonar.

AZUCENA - Mira: esa planta de ahí es salvia, esta bacopa y la de la maceta grande es milenrama que siempre te ha...

HORTENSIA - Azucena, ¿cómo era esa historia de los nombres?

AZUCENA - ¿Cuál? ¿La de los cuervos?

HORTENSIA - Esa misma. Cuéntamela.

AZUCENA - Todo empezó porque una tarde viste mucho revuelo de pájaros. Pero mucho. Eran cuervos, y se iban todos a la parte de atrás del jardín. Por lo menos diez o doce de esos, venga a picotear tus flores. Concretamente las azucenas y las margaritas. Así que los espantaste con la escoba. Pero seguían viniendo a comer... Por lo que cogiste una maceta que tenías vacía, un poco de fruta y les preparaste el comedero. De este modo conseguiste que tus plantas estuvieran a salvo. Al estar embarazada de nosotras, se te ocurrió la idea de llamarnos así.

HORTENSIA - Qué lista era.

AZUCENA - A los pocos años pasó más de lo mismo. Pero ya estábamos nosotras. Así que nos dijiste que fuéramos a ver qué pasaba. A mí me daba reparo y tú tenías miedo de que no volviera mi hermana; pero más miedo tenías de que no volviera yo. Sólo de pensar que estaban por ahí sueltos los cuervos... Y resulta que en señal de agradecimiento por haberlos alimentado nos dejaban objetos de todo tipo: chapas de Coca-Cola, mecheros, tuercas, botones, trozos de carteles... Así durante un mes entero. Cuando volvíamos de la expedición nos decías: "Menos mal que estáis de vuelta. Venga, ahora yo me voy a poner a cantar y mientras vosotras me vais a ayudar con estas plantas que tengo que trasplantar". Y nosotras como tontas te hacíamos caso. Nos dabas un vasito de Quina Santa Catalina para merendar y con eso nos conformábamos.

HORTENSIA - ¿Y qué cantaba?

Se levanta AZUCENA e introduce un vinilo. Suena Madrecita de Antonio Machín.

AZUCENA canta con el interés de una madre.

HORTENSIA escucha con la indiferencia de una hija.

AZUCENA - Siempre has tenido este genio, pero nadie era capaz de llevarte la contraria. Lo decías con ese descaro, con esa gracia... Que ni papá se atrevía. Y ahora yo me atrevo, porque diga lo que diga caerá en el olvido. Así que prefiero disfrutarte en el silencio.

*La luz se va atenuando hasta llegar a **OSCURO**.*

METAFÍSICA

De Alberto Palacios Cañas

Mención especial del IV Premio de Textos de Teatro Carro de Baco.

METAFÍSICA

De Alberto Palacios Cañas

Un sofá y una mesa de café. Suena un teléfono móvil sobre la mesa. ELLA, una mujer de unos 40 años que intentan ser disimulados bajo un elegante vestido y sobre unos altos zapatos de tacón, entra colocándose un pendiente; nerviosa, coge el móvil.

ELLA-Dime, Elena. Las Meigas. Lacón con grelos. Sí, en esa calle es. No, no puedo. Porque no puedo. Bueno, pues cenáis Carla y tú solas. Que no puedo. Que viene. Que viene, que viene, pues que viene... Que viene a cenar a mi casa. Él. No. No. ¡No! ¡Yo con ese no quiero nada! Sí, él. Sí, en serio. ¡No grites! ¿Dónde estás? ¿No estarás en la universidad? Que no quiero que se entere todo el departamento. ¿Estás con Carla? Carla, ya vale; ni se te ocurra, que eres una bocazas. Sí, yo te cuento todo cuando te vea. Bueno, cuando os vea. Pero ahora dejadme que está a punto de llegar. ¿Yo? ¿Nerviosa? ¿Cuándo me has visto a mí nerviosa? ¡Ya está aquí! Sí, sí, no seáis pesadas. *(Cuelga y abre, colocándose el pelo, amabilísima)* Hola.

ÉL-*(En la puerta)* Hola.

ELLA-Pasa, pasa. No te quedes ahí. *(Entra ÉL, un tímido chaval de 20 años con una mochila a sus hombros)* Siéntate. *(ÉL se sienta. ELLA no sabe qué decir)* ¿Has traído los apuntes?

ÉL-Sí. Aquí los tengo. *(Se descuelga la mochila de un hombro y la abre)* Me dijo que me ayudaría con metafísica, ¿no? ¿O me dijo con la asignatura de lógica?

ELLA- Yo no doy lógica. Ni la doy ni la tengo. Tendría yo que volver a estudiar lógica a ver si esto es lógico... Y háblame de tú, que ya no te estoy explicando desde la tarima.

ÉL-Vale. ¿Entonces metafísica?

ELLA-Anda trae, dame tu abrigo, ponte cómodo. ¿Quieres algo de beber? ¿Un refresco, una cerveza, una copa de vino…?

ÉL-Un vaso de agua.

ELLA-Está bien. Una copa de vino. ¡Uy vaya, si tengo aquí una botella! ¡Y un par de copas! ¡Mira qué bien! *(Sirviendo el vino en las copas)* Te gusta el vino blanco, ¿no? *(Sin dejarle hablar)* Ya verás qué bueno. *(Empieza a llenar dos copas)*

ÉL- ¿Rioja?

ELLA-Sí. A mí me encanta. Anda, pruébalo. *(Le da una copa. ÉL la olfatea)* ¿Qué haces?

ÉL-*(Olfatea)* Tiene un aroma floral, con cierto matiz de fruta madura. *(Bebe)* Es suave.

ELLA- ¿Y tú como entiendes tanto de vino con veinte años? Eres muy joven. Que no es que yo sea muy vieja… Para nada, que una se mantiene bien… Se mantiene y sigue siendo joven… Sigue siendo y es… Ya ves tú, a mis cuarentai… Bueno, eso, que por qué sabes de vinos.

ÉL-Mi padre era enólogo. Yo quería serlo también, pero al final me decidí por la filosofía.

ELLA- *(Tocando su pierna)* Sabia decisión, sabia decisión. *(Retirando la mano)* ¡Uy!

ÉL- ¿Vamos al tema?

ELLA-*(Escandalizada)* ¿Cómo?

ÉL- *(Cogiendo los apuntes)* Que si empezamos con la clase de metafísica.

ELLA-Ah. *(Ríe)* Sí, bueno… *(Quitando las manos de él de los apuntes)* Hablemos antes de filosofía… o de vino. *(Ríe)* ¡Hablemos de vinosofía!

ÉL- ¿De vinosofía?

ELLA-Claro. Deberías hacer tu tesis sobre vinosofía.

ÉL- ¿Vinosofía?

ELLA-Sí. Dejarse llevar hacia otro mundo con un buen vino. O dejarse llevar simplemente… ¡Brindemos por la vinosofía! *(Brindan y beben)* Bueno… ¿Has cenado?

ÉL-No.

ELLA-Me alegro, porque he hecho una paella para chuparse los dedos. Voy a traerla.

ÉL-No tengo hambre. Gracias.

ELLA- ¡Anda ya! Cómo no vas a tener hambre…

ÉL-No, no. De verdad.

ELLA- Ya verás. Si un buen plato de paella siempre entra.

ÉL-*(Riendo)* Eres igual que mi abuela.

ELLA- ¿Perdón?

ÉL- Ella siempre insiste en que coma, aunque no tenga hambre. *(A ELLA le cambia el gesto)*

ELLA- Ya… Pues nada. *(Se sienta)* Dejemos la paella para tu abuela. Dime tú qué hacemos.

ÉL- *(Cogiendo los apuntes)* Pues mira, donde más dudas tengo es en el tema tres.

ELLA- *(Quitándole los apuntes)* ¡Deja de una vez los puñeteros apuntes! *(Forzadamente amable)* Yo te lo explico después, hay tiempo. Relájate. Hablemos de vino. ¿Te gusta este?

ÉL- Sí. Es un buen vino… joven.

ELLA-*(Indirecta)* ¿Y del vino de crianza qué opinas?

ÉL- Un crianza está muy bien, pero yo prefiero joven.

ELLA- *(Molesta)* ¿O sea, que a ti te ponen un buen crianza *(Por ella)* delante y lo rechazas?

ÉL- *(Casi atragantándose)* No, no quería decir eso… Todo lo contrario. Yo… *(Le derrama el vino encima)* Ay, perdóname, soy un torpe. Lo siento, lo siento, lo siento.

ELLA-*(Molesta)* No pasa nada. Voy a cambiarme. *(Sale)*

ÉL se queda mirando la botella de vino y de repente le viene una idea. Rápidamente, se quita el jersey, se desabrocha la camisa y se remanga; se dirige a un espejo en el público, se quita las gafas, se peina y ensaya una mirada atractiva; y se sienta ridículamente seductor.

ELLA-*(Entrando)* A ver saca los dichosos apuntes… ¿Qué haces?

ÉL- ¿Yo? Nada... Esperarte... Siéntate y háblame más de vinosofía. *(Dándole la copa)* Toma.

ELLA- *(Sentándose, extrañada)* ¿Qué te has hecho?

ÉL- ¿Yo? Nada. ¿Por qué? ¿Me encuentras más atractivo?

ELLA- ¿Y tus gafas?

ÉL-No las necesito.

ELLA-Pero si tienes que tener por lo menos cinco dioptrías en cada ojo.

ÉL-Para mirarte de cerca no me hacen falta.

ELLA- *(Azorada, se llena la copa)* Necesito beber más.

ÉL- Brindemos por todo lo que deja un buen sabor de boca. *(Vuelven a brindar)*

ELLA- *(Extrañadísima)* Parece que has pillado la idea de la vinosofía...

ÉL- *(Acercándose a ella)* Es hora de comenzar a descubrir nuevos sabores. ¿No crees?

ELLA- ¿Entonces quieres probar la paella?

ÉL-No quería decir eso.

ELLA- ¿Entonces qué dices? No sé por dónde cogerte, hijo. A mí me traes la cabeza loca...

ÉL- Y tú a mí también.

ELLA- ¿Cómo?

ÉL-Vamos a dejarnos de tonterías. Desde que entraste por la puerta en la primera clase no he podido parar de fijarme en ti, de escucharte en silencio cada vez que hablas...

ELLA-Hombre, es que como no me dejéis explicar en silencio os echo de clase.

ÉL- ¿No lo entiendes? Me he enamorado de ti.

ELLA- ¿Que te has enamorado de mí?

ÉL-Que me he enamorado de ti.

ELLA-Pero, animalico, si podría ser tu madre...

ÉL- ¿Y qué? ¿Edipo no se enamoró de su madre?

ELLA- ¿Y cómo acabó él?

ÉL- Ciego.

ELLA- ¿Y ella?

ÉL- Muerta.

ELLA- Pues yo no tengo ninguna intención de morirme por ahora.

ÉL- Pero ella sí era su madre. Esto es distinto.

ELLA- ¿Entonces por qué lo has comparado con esto?

ÉL- Yo no lo he comparado.

ELLA- Sí lo has comparado. Además, con ello has admitido que podría ser tu madre.

ÉL- Pero no lo eres.

ELLA- ¡Pero admites que podría serlo! ¿Qué pasa? Soy muy mayor para ti, ¿eh?

ÉL- La edad no importa. Yo te quiero…

ELLA- ¡Calla! Ni se te ocurra decir eso.

ÉL- ¿Tú no me quieres? Yo estoy dispuesto a hacer lo que sea por enamorarte.

ELLA- Pero es que yo no quiero que me enamores…

ÉL-Yo sí.

ELLA-Esto es ridículo…

ÉL- ¿Esto también te parece ridículo? *(La intenta besar. ELLA no le deja)*

ELLA- ¿Pero qué haces? ¡Oye, que esto no es "Lo que el viento se llevó"!

ÉL- ¿Qué es entonces?

ELLA- Esto es una estupidez.

ÉL- ¿Consideras que lo que siento por ti es una estupidez? *(ELLA asiente)* Está bien. *(Cogiendo sus cosas)* Será mejor que me marche. *(La mira de reojo)* Me lo he pensado mejor. *(Se sienta)* No me voy a ir hasta que me aclares qué hago aquí.

ELLA- *(Resopla)* Venga, trae los apuntes que te lo aclare.

ÉL- Deja la metafísica. Quiero que hablemos de nuestra realidad, de ti y de mí. Ahora.

ELLA- Está bien. Yo soy tu profesora. Tú mi alumno veinte años más joven. *(Guardando los apuntes en la mochila)* Y nuestra realidad

---

metafísica es que ahora mismo yo estoy en mi casa viendo una película sola y feliz y tú estás la tuya estudiando. Punto.

ÉL- No. Esa metafísica es errónea. Ahora mismo estoy en tu casa.

ELLA- *(Dándole la mochila)* Sí. Pero ahora mismo te vas para la tuya.

ÉL- No. Yo quiero quedarme aquí.

ELLA- O sea, que acudes con el cuento de que tienes dudas y resulta que lo que quieres es venir a mi casa para aprovecharte de mí.

ÉL- Pero si fuiste tú la que me dijiste que viniese cuando yo sólo quería consultarte una duda.

ELLA- No, no, no. Además, ni sé cómo te llamas. ¿A qué has venido? ¿A robarme un examen?

ÉL- ¿Eh?

ELLA- ¿Quién eres? ¿Qué haces aquí? *(Gritando)* ¡Socorro!

ÉL- ¿Qué dices?

ELLA- *(Cogiendo el teléfono)* ¡Socorro! ¡Fuera de aquí! ¡Déjame!

ÉL- ¿Qué haces?

ELLA- Llamar a la policía para decirles que un muchacho ha entrado en mi casa a robar. ¿Hola? ¿Comisaría? Llamo porque…

ÉL- *(Coge su mochila y sale corriendo rápido)* Estás mal, muy mal…

ELLA- *(Cuando ve que se ha ido)* Elena, pídeme un plato de lacón con grelos que en cinco minutos estoy ahí. Sí, hija, sí, otro que se enamora; este ya no vuelve por la facultad; un examen menos para corregir. ¿Que aún no estáis allí? Pues venid para acá que tengo paella y tengo un vino recién abierto. *(Saliendo)* ¿Qué dice Carla? Pues nada, que se vaya allí sola…

CON LA MÚSICA A OTRO PARQUE

De Ana Díaz Velasco

Mención especial "Arte Sostenible" del IV Premio de Textos de Teatro Carro de Baco.

CON LA MÚSICA A OTRO PARQUE

De Ana Díaz Velasco

OSCURO. Se escucha de fondo el barullo de una ciudad en hora punta: motores, bocinas, ambulancias, voces... Paulatinamente el bullicio se va amortiguando hasta ser sustituido por sonidos propios de un parque: piar de pájaros, hojas mecidas por el viento... Y el silbido de una melodía sencilla. Se van encendiendo las luces poco a poco descubriendo un parque con un solo banco (luz de mañana). ENTRA el MENDIGO (unos 60 años, él es quien silbaba) empujando un carrito de supermercado. Deja el carrito a un lado de un banco donde se acomoda. Enseguida llega el CHAVAL (unos 16 años, gorra del revés) y se sienta junto a él sin dejar de mirar el móvil.

MENDIGO: Buenos días.

CHAVAL: (Sin apartar la vista de móvil.) Buenas.

MENDIGO: Hoy has llegado antes, hasta el mediodía no te esperaba.

CHAVAL: Ya ves, he hecho pellas. (Levanta la vista y se queda mirando al MENDIGO.) ¿No me vas a decir nada? ¿No me vas a echar la chapa...? (El MENDIGO niega con la cabeza.) Tú sí que molas, tío, ya podría mi viejo parecerse en algo a ti. Ahora me da la brasa hasta por Whatsapp... (Le muestra al MENDIGO la pantalla, luego se pone a teclear.) Un auténtico coñazo... Por no hablar de mi madre, esa, otra plasta. (Sin dejar de teclear.) Con eso de que están separados, se creen que tienen vía libre para estar encima de mí todo el día, siempre compitiendo a ver quién me machaca más... Un infierno, te lo digo en serio, un infierno... Encima, hijo único, imagínate, por lo menos podrían haberse currado un hermanito antes del divorcio...

MENDIGO: Pero ¿cómo puedes…? (El CHAVAL levanta la vista. El MENDIGO le señala el móvil con la barbilla.) ¿Cómo puedes escribir y hablarme a la vez…? Parece arte de magia.

CHAVAL: ¡Anda! Más difícil es tocar la armónica y aclararse con las notas…

MENDIGO: (Saca una armónica y se la muestra al CHAVAL. Riendo.) Lo que hay que saber es tocarla de oído.

CHAVAL: Sí claro, lo que tú digas… Venga, va, tócala un ratito…

MENDIGO: (Guardándose la armónica de nuevo.) No, ahora no.

CHAVAL: Está bien, está bien. Nosotros, a lo nuestro.

MENDIGO: Exacto. A lo nuestro.

OSCURO. El MENDIGO se queda sentado en el banco y toca con la armónica la misma melodía con la que había entrado silbando. Mientras, el CHAVAL se transforma en el EJECUTIVO (mismo actor, cambia gorra por corbata. Unos 40 años.). Se encienden las luces, de tarde. ENTRA el EJECUTIVO y se sienta junto al MENDIGO, que deja de tocar.

MENDIGO: Qué pronto has venido hoy... (El EJECUTIVO asiente y se recuesta en el respaldo.) Es la primera vez que apareces antes de las ocho.

EJECUTIVO: Me he escapado de una reunión.

MENDIGO: No sería muy importante.

EJECUTIVO: Sí, sí que lo era, nada menos que «la» reunión de la Comisión Ejecutiva... pero la verdad… La verdad es que me da igual, me da bastante igual (Sonríe pensativo.)

MENDIGO: Eso está bien.

EJECUTIVO: (Girándose para tener al MENDIGO de frente.) ¿Por qué no me cuentas hoy tú algo?

MENDIGO: ¿Que te cuente algo…? ¿Y qué quieres que te cuente?

EJECUTIVO: No sé, lo que quieras, me da igual… cualquier cosa.

MENDIGO: Pero si se trata de que seas tú quien…

EJECUTIVO: Hoy no tengo ganas de hablar, ninguna gana. Solo tengo ganas de escuchar, de escuchar…

MENDIGO: (Sacando la armónica y mostrándola al EJECUTIVO.) ¿Y qué te parece si mejor…?

EJECUTIVO: (Volviéndose a recostar y cerrando los ojos.) Perfecto, me parece perfecto.

El MENDIGO vuelve a retomar la melodía. OSCURO. El EJECUTIVO se transforma en el ANCIANO (mismo actor, cambia corbata por gorro de fieltro y gafas. Lleva un bastón. 75 años aproximadamente). Luz de atardecer. ENTRA tosiendo y se sienta junto al MENDIGO quien no ha dejado de tocar.

ANCIANO: Buenos días, hoy me he escapado un poquito antes… (Señalando la armónica con la barbilla.) Hay que ver, cada día la tocas mejor…

MENDIGO: (Posando la armónica en el regazo y sonriendo.) Siempre la toco igual… ¿No será más bien que «tú» cada día escuchas mejor?

ANCIANO: Eso será, eso… Cada día escucho un poco mejor, cada día soy más sabio, cada día soy ¡más viejo!

MENDIGO: (Negando con la cabeza y señalando el bastón.) Realmente, ¿por qué lo utilizas?

ANCIANO: Ya te lo dije el otro día, seguridad, me da seguridad… Además, es que mi nuera y mi…

MENDIGO: (Interrumpiéndole.) Seguridad…

ANCIANO: Bueno, ¿y qué más da? Solo por no aguantarlos… (Saca unos papeles arrugados y los desdobla.) A ver, a ver… Que sepas que me he preparado a conciencia el debate de esta tarde. Hoy no me vas a poder vencer, vamos, ni por asomo…

MENDIGO: (Sonriendo.) No se trata de ganar o perder, sino de argumentar… De argumentar y de saber escuchar: «Di-a-léc-ti-ca».

ANCIANO: Sí, sí, lo que tú digas… (Frotándose las manos.) Pero venga, venga, nosotros, a lo nuestro.

OSCURO. De nuevo el bullicio de la ciudad. El ANCIANO se transforma en EJECUTIVO sin levantarse del banco. Se encienden las luces (de tarde) y, aunque mitigado, se sigue escuchando de fondo el ruido del tráfico.

EJECUTIVO: (Aflojándose el nudo de la corbata.) Hoy había un tráfico horrible... He estado media hora atascado en un túnel, ¡media hora...!

MENDIGO: Bueno, tú relájate, ya estás aquí.

EJECUTIVO: (Negando con la cabeza.) Horrible, horrible...

MENDIGO: Esta ciudad es un atasco constante, no queda otra que aprender a vivir con ello...

EJECUTIVO: Pero hoy más, hoy había más tráfico que de costumbre...

MENDIGO: ¿Has hecho tus deberes?

EJECUTIVO: (Riéndose.) «Deberes», me encanta... Sí, sí que los he hecho. (Saca una tableta y desliza el dedo por la pantalla.) Aquí, aquí los tengo... La verdad es que la lista me ha salido bastante larga. (Se desanuda la corbata, se la quita y la posa en el banco.)

MENDIGO: (Asintiendo y sonriendo.) Adelante.

EJECUTIVO: Lo primero de todo, llamar a mi padre. Siempre marco y luego cuelgo, nunca encuentro el momento oportuno... El hombre me cuenta mil batallitas cada vez que lo llamo y me tiene dos horas al teléfono. (Pausa.) Lo siguiente: comprarme una «mountain bike»... De pequeño no había forma de bajarme de la bici, en el pueblo decían que en lugar de pies había nacido con pedales. (Ríe.) Vaya ocurrencias (Pausa.) Después, ir de una vez por todas a la galería de mi amigo Juan. El día de su inauguración no llegué a tiempo (negando con la cabeza.), fue el mismo día de la OPA, de la maldita OPA que nunca salió adelante... Por lo visto tiene ahora una exposición de arte abstracto fabulosa, de un pintor austriaco, creo... ¿A ti te gusta el arte abstracto?

OSCURO. El EJECUTIVO se transforma en el CHAVAL (de nuevo sin levantarse del banco) y antes de que se enciendan las luces (de mañana) toca él mismo la melodía de siempre con una armónica que no es la del MENDIGO. Suena bastante mal.

MENDIGO: Bueno, bueno, bueno... igual habría que afinarla un poquito, ¿no te parece?

CHAVAL: (Mostrando el instrumento.) Me la ha regalado mi viejo, ¿a que mola?

MENDIGO: Es preciosa.

CHAVAL: Es la caña... El día que la toque como tú, lo van a flipar. (El MENDIGO se echa a reír.) Porque cuando era enano me regalaron una flauta y no había manera, en serio, no había manera, nunca logré sacarle ni una sola nota... Pero con esta (mira sonriendo la armónica.), con esta...

MENDIGO: Con «esta» te harás oír... Mira, muchas veces no se trata de hablar más, o más alto, sino sencillamente de hacerse oír.

CHAVAL: (Grave.) Jo, tío, tú siempre con tus movidas filosóficas...

MENDIGO: (Riendo.) Anda, anda, déjate de movidas filosóficas y vamos a ver si logramos sacar a «esta» alguna nota... Porque para manejar el móvil, no eres ni la mitad de torpe, ¿eh?

CHAVAL: ... Pero esta vez creo que lo he pillado, ¡lo he pillado!

OSCURO. El CHAVAL se transforma en el ANCIANO. Luces de anochecer. El ANCIANO ENTRA y se dirige hasta el banco sin el bastón y con andares pizpiretos.

ANCIANO: Miraaa... Mírameee.

MENDIGO: (Riendo.) ¿Y la seguridad? ¿Dónde hemos dejado hoy la seguridad?

ANCIANO: ¡Los he logrado convencer! En serio, me tendrías que haber visto: argumentar y escuchar, argumentar y escuchar... Y, aunque me ha costado media tarde, al final me han dado la razón.

MENDIGO: Me alegro mucho... no necesitabas ese bastón en absoluto.

ANCIANO: Claro que no, estaba hasta las narices de él... (Se sienta.) Así que me he lanzado a la calle y he venido como una flecha. Pero si he tardado ¡menos de diez minutos!

MENDIGO: (Riendo.) ¿Y se puede saber qué prisa tienes tú?

ANCIANO: Pues ninguna, la verdad es que ninguna... (Se recuesta.) Oye, hace una noche estupenda, ¿no crees?, se nota que se avecina la primavera...

MENDIGO: Para el Pilar llegan y para San José no quedan.

ANCIANO: ¿Cómo?

MENDIGO: Las grullas...

ANCIANO: Las grullas...

MENDIGO: Llegan desde el norte en octubre, pasan aquí todo el invierno y se vuelven a marchar en primavera.

ANCIANO: En primavera...

MENDIGO: Sí, eso es, en primavera, se marchan en primavera... cuando aquí ya les queda poco por hacer... (Se levanta y saca del carrito una bufanda que se coloca con parsimonia. Después coge un sombrero y, antes de ponérselo, le hace una reverencia al ANCIANO.) Ha sido un placer.

ANCIANO: Entonces te vas...

MENDIGO: Un placer, de veras, un auténtico placer. (Se saca la armónica de un bolsillo y la guarda con mimo en un bolsón viejo que lleva en el carrito.)

ANCIANO: Te vas (Pausa.) con la música a otro parque...

MENDIGO: (Riendo.) ¡Exacto! Con la música a otro parque...

El MENDIGO SALE lentamente empujando el carrito y silbando la melodía de siempre (exactamente igual que cuando llegó). Se unen los sonidos propios de un parque: piar de pájaros, hojas mecidas por el viento...

OSCURO.

Dramaturgias de Carro de Baco

EL ELEGIDO

De Alba Cámara

EL ELEGIDO

De Alba Cámara

(Oscuro. Suena el Réquiem n°7 -Lacrimosa- de Wolfang Amadeus Mozart. Voz en off masculina)

Envidia:
Deseo de algo que no se posee. Deseo de algo que otro posee, ya bien sea algo material o intelectual. (En la sala se ilumina un cuadro que representa la envidia). La envidia es un sentimiento que nunca produce nada positivo y el que la padece vive en una constante e insalvable amargura. En ocasiones, el envidioso miente y calumnia sobre el envidiado, con el único afán de poseer lo deseado, incluso, en ocasiones, la envidia puede hacer que el envidiado muera a manos del envidioso. (La sala se ilumina, en el suelo un hombre, Asier, yace muerto. Junto a él una pistola. De pie, otro hombre, Belial, inmóvil mira fijamente el cadáver con cara de terror. En la sala, un caballete con el cuadro iluminado anteriormente. Una pequeña mesa con, libros y papeles, en las paredes más cuadros de otros autores. Belial camina por la sala nervioso)
Belial: Mírate. ¿Cómo te sientes ahora? ¿Dime? ¿Ahora no hablas? ¿Te ha comido la lengua el gato? Tan perfecto como te creías.
Asier: *(En el suelo)* ¿Yo? ¿Perfecto, yo?
Belial: Aún muerto te crees superior a mí.
Asier: No has entendido nada, ¿verdad?
Belial: *(Nervioso coge la pistola que hay en el suelo y apunta al hombre muerto)* ¡No te atrevas hablarme o si no...!
Asier: O si no, ¿qué? ¿Me matarás de nuevo? *(ríe a carcajadas)*
Belial: ¡Calla, estás muerto! ¡No puedes hablar!
Asier: ¿No puedo? ¿O no se me permite?
Belial: ¿Qué más da? Las dos opciones son la misma.

Asier: No. No podría hablar si algo me lo impidiera psíquica o físicamente, pero si nos referimos a que no se me permite el concepto cambia, ¿no crees?

Belial: ¡No empieces otra vez! ¡No se te permite!

Asier: Pues, si es así, entonces guardaré silencio y respetaré tu decisión.

Belial: No es una decisión, es una imposición. Quiero que no hables nunca más, quiero que nunca más emitas un sonido por tu boca, ni tan sólo que lo insinúes. Dime, ¿qué se siente estando muerto? ¿Qué se siente cuando uno ya no puede vivir? Dime, ¿qué se siente sabiendo que nunca más podrás expresarte? O explicarte, o sentir. Eh, responde, te estoy preguntando a ti. *(Asier guarda silencio)*

Belial: (Da pequeños puntapiés al cadáver) ¡Te estoy hablando! ¿Quieres responder? *(Asier guarda silencio)*

Belial: ¡Te digo que hables, coño! ¡Se te está permitido!

Asier: Si se me está permitido, lo haré.

Belial: ¿Te crees que estas por encima de mí?

Asier: No, eres tú quien ha creído siempre que yo estaba por encima de ti. Has sido tú quien ha fijado esas expectativas hacia mi persona, no yo. En cuanto a tu pregunta sobre qué siento estando muerto, mi respuesta es: nada. Y si respondo a tu pregunta de qué siento sabiendo que nunca más podré expresarme, te diré que ya me expresé durante mucho tiempo, que lo que tenía que decir quedó dicho. Es más, te diré que muchas de las cosas que alguna vez dije dichas están y quedarán para el recuerdo. Pero, volviendo a tu pregunta anterior…

Belial: ¡No te aguanto! ¡No te soporto! ¡Te odio, odio tu vida, odio tu muerte!

Asier: ¿Por qué? ¿Lo has pensado?

Belial: No hay nada que pensar, tú siempre pensaste que estabas por encima de mí, te creíste siempre superior.

Asier: No, te repito, fuiste tú quien ha creído siempre eso, fuiste tú quien fijó esas expectativas hacia…

Belial: Sí, hacia tu persona, ya lo has dicho antes.

Asier: Sí, por eso te dije y cito textualmente "te repito".

Belial: ¿Quieres callarte de una vez?

Asier: No. No me voy a callar. Ahora escucharás lo que tengo que decir y, si no lo haces, me escucharás todos los días de tu vida, no me callaré nunca y no lo haré hasta que...

Belial: Hasta que... ¿qué?

Asier: Hasta que... lo hagas.

Belial: Esta bien: habla.

Asier: ¿Por qué? Te pregunté: ¿por qué lo has hecho? ¿Por qué me tienes tanta rabia, tanta ira? ¿Por qué? Yo siempre estuve a tu lado, te mostré mil caminos y mil formas de hacer las cosas. ¿Por qué?

Belial: Porque siempre te creías mejor que yo. Porque había cosas que explicabas que no entendía. Porque un maestro enseña y no desmoraliza.

Asier: Tú, con esa rabia y esa ira te has desvirtuado. Eras el mejor de mis alumnos, eras el elegido...

Belial: ¿El elegido? ¿Para qué?

Asier: El elegido para seguir mis pasos, mi camino. Eras el futuro maestro. Tus conocimientos superaban a muchos de tus compañeros.

Belial: Pero...

Asier: Pero ahora veo que no, elegí mal. Todas tus ganas de aprender no eran para crear, sino para destruir.

Belial: Yo quería ser como tú. Lo envidiaba.

Asier: Exacto. Y la envidia no lleva a nada bueno. Dime, ¿qué pasará con la orden? ¿Quién conservara todas esas piezas? ¿Quién velara por mantener a salvo toda nuestra cultura, todo lo que los grandes maestros dejaron y crearon para nosotros? ¿Quién lo hará ahora?

Belial: Yo, yo lo haré. Tú mismo has dicho que yo era el elegido, así que yo lo haré.

Asier: ¿Tú? ¿Un asesino? ¿Alguien que es capaz de matar por no entender? ¿Alguien que utiliza un arma para destruir? ¿Tú?

Belial: Pero dijiste que yo era el elegido.

Asier: Sí. Y me equivoqué, creí que estabas preparado. Sentía tanta admiración y tanto deseo que fueras me sucesor que no fui consciente del mal que nacía en ti. Y un ser como tú nunca podrá ser maestro.

Belial: ¡Te odio! Mereces estar donde estás, hice bien quitándote del medio. No seré maestro, seré líder. Destruiré los libros y cuadros, todas las obras de arte que dejaron los grandes maestros, todo aquello que amabas y conservabas con tu vida. Todo quedará extinto, reducido a la nada, nadie sabrá de la cultura, de los grandes, ni del arte. Porque tendrán un líder al que admirar. ¿Quién quiere ser maestro pudiendo ser líder? Los débiles como tú.

Asier: Siento pena por todo lo que dices. Siento pena de que no hayas aprendido nada y sólo te diré: llegará un día que algunos de tus seguidores se cansen de ti, o que tengan algo especial como yo lo creí de ti, y decidan que la solución esté no en tu muerte sino en una REVOLUCIÓN. *(Fundido en negro. Suena Carl Orff- O Fortuna-Carmina Burana. Voz en off femenina)*

Revolución: Enfrentamiento entre dos intereses contrapuestos que obligan a un cambio radical, profundo y permanente, respecto al orden establecido existente. Generalmente, es llevada a cabo por un grupo de personas que, hartas y cansadas del poder opresor, se rebelan con el apoyo del resto del pueblo. Esta se puede conseguir a través del uso de la fuerza y las armas.

(Suena un disparo)

LA ESPERA

De Ignacio Nieto

LA ESPERA

De Ignacio Nieto

(Un despacho con una mesa y dos sillas. Sentados en ellas, HOMBRE1 y HOMBRE2. El resto del mobiliario está apilado formando una barricada entre ellos y la puerta. Montones de libros apilados y algún que otro cuadro mal colocado ayudan a dar una idea de lo caótico de su situación. A lo lejos, suenan algunos disparos de los soldados golpistas, que, sin pausa, van capturando lo poco que queda en la ciudad. Fuman, se miran, pasean por la sala. Sin duda, esperan lo inevitable. HOMBRE2, visiblemente nervioso, intenta entablar conversación varias veces, pero vuelve a permanecer en silencio. Por fin, consigue reunir el valor y habla)

HOMBRE2 – ¿Cuánto crees que falta?

HOMBRE1 – Imagino que no mucho.

HOMBRE2 – ¿Y eso qué quiere decir?

HOMBRE1 – ¿Cómo?

HOMBRE2 – Te he preguntado que cuánto crees que falta y me has respondido con algo totalmente ambiguo.

HOMBRE1 – ¿Perdona?

HOMBRE2 – Pues eso: al empezar la frase con un "imagino", ya estás dando una idea de la inexactitud de tu respuesta. Y, encima, lo has unido a un "no mucho", que puede querer decir desde "poco" a "bastante, pero sin llegar a ser mucho". Vamos, que me he quedado igual.

HOMBRE1 – Vaya, vaya: estoy con todo un lingüista.

HOMBRE2 – No soy lingüista, pero tu respuesta no ha sido, ni de lejos, la más clarificadora.

HOMBRE1 – ¿Pretendes que te diga cuántos minutos faltan para que entren por esa puerta? ¿Que te diga algo así como: "en 37 minutos y medio vendrán a por nosotros"? ¿Es eso?

HOMBRE2 – Sí, algo así.

HOMBRE1 – ¿Y cómo se supone que yo debería saber eso?

HOMBRE2 – No sé, no tengo ni idea. Tú eres el jefe.

HOMBRE1 – ¿No ves que lo que dices no tiene ningún sentido? Ser el jefe, como tú dices, no me confiere ningún poder adivinatorio.

HOMBRE2 – Pero tú nos guías y nosotros te seguimos: eres nuestra referencia.

HOMBRE1 – Bueno, pues como guía tuyo que soy, te diré que no tengo ni idea.

HOMBRE2 – Pues vaya.

HOMBRE1 – ¿Qué pasa?

HOMBRE2 – No, nada.

HOMBRE1 – ¿Me puedes explicar qué has querido decir con ese "pues vaya"?

HOMBRE2 – Bueno…

HOMBRE1 – ¿Sí?

HOMBRE2 – Pues que convendrás conmigo que es poco tranquilizador.

HOMBRE1 – Y tú convendrás conmigo que esto *(señalando muy irritado la barricada que les separa de la puerta)* tampoco es especialmente tranquilizador, que digamos.

HOMBRE2 – Bueno, visto así… En eso te doy la razón.

HOMBRE1 – Pues eso.

(Los soldados se encuentran a las puertas del edificio, por lo que los disparos se suenan más cerca que antes)

(Se mantienen en silencio, hasta que HOMBRE2 vuelve a intervenir)

HOMBRE2 – Ha estado bien, ¿verdad?

HOMBRE1 – ¿Cómo?

HOMBRE2 – Lo que hemos conseguido…

HOMBRE1 – *(Muy emocionado)* Sí, la verdad es que sí: durante nuestro mandato hemos conseguido erradicar el analfabetismo, hemos logrado el pleno empleo, en ciencia hemos logrado avances impensables años atrás, hemos multiplicado por diez el número de artistas de todas las disciplinas, ya sean pintores, escultores, poetas, cantantes, bailarines, dramaturgos... Sin olvidar a los expertos en filosofía, sociología, política e historia que han aparecido, gracias a nuestro revolucionario plan de estudios que, mediante becas, ha permitido que todos pudieran estudiar. En definitiva, nos hemos convertido en el ejemplo a seguir de cualquier potencia mundial.

HOMBRE2 – ¿Y entonces? ¿Por qué hemos llegado a esto, me lo puedes recordar?

HOMBRE1 – *(Irritado)* Pues porque hay gente que se asusta del enorme potencial de la sociedad, porque, si se dan las condiciones adecuadas, el pueblo puede llegar a cuestionar el equilibrio de poder actual, porque puede llegar a reclamar al rico que reparta un poco su riqueza, o que gane menos a su costa.

HOMBRE2 – Cierto, es la historia de siempre.

HOMBRE1 – Exacto. Las grandes fortunas del país, junto con la iglesia y el ejército se aliaron para salvaguardar sus posesiones, para garantizar que su riqueza seguiría creciendo. Nuestro ejército era muy inferior al de los golpistas. Hemos ido perdiendo posiciones poco a poco. Sólo nos queda esto.

HOMBRE2 – *(Melancólico)* Un triste edificio de cuatro plantas para quien tuvo todo un país, qué triste…

HOMBRE1 – Sí, y por poco tiempo, me temo…

HOMBRE2 – ¿Poco?

HOMBRE1 – Bueno, sí, supongo.

HOMBRE2 – O sea, ¿que tu "no mucho" de antes ahora quiere decir "poco"?

HOMBRE1 – Por favor, ¿otra vez?

HOMBRE2 – ¿Y has dicho "me temo", como queriendo decir que sabes con exactitud que el tiempo será "poco"?

HOMBRE1 – Era una forma de hablar, haz el favor de dejar de ser tan literal.

HOMBRE2 – Si no cambiases el mensaje todo el rato…

HOMBRE1 – *(Volviéndose a irritar)* No cambio el mensaje, siempre he querido transmitirte una idea aproximada de lo cerca que está el final. *(Elevando el tono de voz)* Y, que conste que digo aproximada porque no tengo ni puta idea de cuándo va a suceder, pero lo que sí tengo claro es que no durará ni semanas, ni meses, ni años; sino horas, o quizás días. ¿Queda claro ahora?

HOMBRE2 – Sí, completamente. Pero tampoco es para ponerse así.

(Los soldados golpistas recorren las plantas inferiores. Sus disparos cada vez suenan más cerca)

(Se vuelven a quedar en silencio, hasta que habla de nuevo HOMBRE2)

HOMBRE2 – Hay una cosa que no acabo de entender.

HOMBRE1 – *(Aún molesto)* ¿Qué?

HOMBRE2 – Si la historia se repite, ¿por qué hemos vuelto a cometer los mismos errores?

HOMBRE1 – ¿Cómo?

HOMBRE2 – Quiero decir que, si cada vez que se consigue una sociedad avanzada, un pueblo floreciente en todos los aspectos, aparecen fuerzas contrapuestas que quieren evitarlo, y que acaban derrocando al gobierno elegido democráticamente, iniciando un retroceso brutal en todos los aspectos, con persecuciones a gente renombrada de la cultura, de la ciencia…

HOMBRE1 – ¿Y?

HOMBRE2 – Pues eso: ¿por qué volvemos a intentarlo? Si ya sabemos cómo va a acabar…

HOMBRE1 – *(Sin acabar de creer lo que está oyendo)* Estás bromeando, ¿verdad?

HOMBRE2 – No, lo digo en serio: los ricos siempre serán ricos y los pobres…

HOMBRE1 – ¡Pues porque queremos cambiar las cosas, porque queremos una sociedad mejor, más justa y equitativa, por eso!

HOMBRE2 – Ya, si todo eso está muy bien, pero mira cómo estamos.

HOMBRE1 – Había que intentarlo, ¿no?

HOMBRE2 – Ya, pero esto no es un "vaya, lo ha intentado y ha perdido: gracias por participar y vuelva cuando quiera".

HOMBRE1 – Nuestro gobierno funcionaba y todo parecía ir bien. El problema es que, poco a poco, se fueron levantando voces contra nosotros, voces que se fueron agrupando hasta constituir un frente común de cierta relevancia…

HOMBRE2 – ¿"Cierta relevancia"? ¿Con eso te refieres a todo el poder económico en contra? ¿Y a tres cuartas partes del ejército? ¿Y al poder religioso?

HOMBRE1 – *(Derrotado)* Joder, ¿quieres que te diga que he sido un puto inútil que no ha estado a la altura? ¿Que no he sido capaz de ver lo que se nos venía encima? ¿Que no supe calibrar la amenaza ni poner remedio? Pues ya está, ya lo he dicho. *(Entre sollozos)* Todo es culpa mía, todo…

HOMBRE2 – *(Se levanta y da unas palmadas en el hombro a HOMBRE1, para animarlo)* No hombre, no te pongas así, que sólo estábamos hablando. Ay que ver, qué manera de torturarse…

HOMBRE1 – *(Ya más sereno, hablando para sí y mirando de reojo a HOMBRE2)* Qué ganas tengo de que entren por esa puerta…

(Los soldados golpistas están accediendo a la planta donde se encuentra el despacho. Los disparos suenan muy cerca)

(Nuevo silencio, que vuelve a romper HOMBRE2)

HOMBRE2 – ¿Cómo será?

HOMBRE1 – ¿El qué?

HOMBRE2 – Cuando entren. ¿Nos matarán?

HOMBRE1 – Creo que sí.

HOMBRE2 – *(Asustado)* ¡Pero yo no quiero morir!

HOMBRE1 – *(Intentando aparentar calma)* Yo tampoco.

HOMBRE2 – Entonces, ¿qué hacemos?

HOMBRE1 – *(Mira en silencio a HOMBRE2 antes de responder)* Resignarnos.

HOMBRE2 – ¿Resignarnos?

HOMBRE1 – Resignarnos.

HOMBRE2 – *(Abatido)* Resignarnos… *(Después de unos segundos cae en la cuenta)* Pero eso no evitará que muramos.

HOMBRE1 – No.

HOMBRE2 – Entonces, ¿de qué sirve resignarnos?

HOMBRE1 – Sirve para ser conscientes de la realidad que nos espera. Y para intentar afrontarla con la mayor entereza posible.

HOMBRE2 – Pero seré consciente, estaré entero… y muerto.

HOMBRE1 – Me temo que sí. Y fíjate que he vuelto a usar la expresión "me temo" porque aquí aplica totalmente.

HOMBRE2 – Sí, esta vez sí. Es inevitable. *(Reflexiona durante unos segundos)* ¿Pasaremos a la Historia?

HOMBRE1 – Seguro. De esto se hablará. Quizás no inmediatamente, porque los ganadores se encargarán de maquillarla, pero después la verdad saldrá a la luz.

HOMBRE2 – Pues habrá que pensar en alguna frase.

HOMBRE1 – ¿Cómo?

HOMBRE2 – Sí, en alguna frase solemne, una que poder gritar justo antes de ser fusilados. Así nos recordarán en los libros de Historia.

HOMBRE1 – Ah, puede que tengas razón, no está mal pensado.

HOMBRE2 – ¿Se te ocurre alguna?

HOMBRE1 – Déjame pensar… Algo así como: "Hasta el último de mis días he luchado por vosotros y muero también por vosotros". ¿Qué tal?

HOMBRE2 – Bueno…

HOMBRE1 – ¿Qué?

HOMBRE2 – Parece un poco largo. Seguramente dispararían antes de poder acabar la frase y quedaría un poco raro.

HOMBRE1 – Sí, es posible. ¿Algo más corto, quizás?

HOMBRE2 – Sí, será mejor.

HOMBRE1 – *(Pensando unos instantes)* A ver qué tal ésta: "Por el pueblo, para el pueblo, con el pueblo y desde el pueblo". ¿Qué te parece?

HOMBRE2 – Bufff…

HOMBRE1 – *(Irritado de nuevo)* ¿Qué? ¿Tampoco te parece bien?

HOMBRE2 – No, si bien, lo que se dice bien, está…

HOMBRE1 – ¿Entonces?

HOMBRE2 – Pues que me parece un poco complicado. Imagínate que, con lo nervios del fusilamiento, te lías con las preposiciones y dices algo sin ningún sentido. Serías fusilado mientras se parten de risa de ti. Y lo peor es que luego eso saldría en todos los libros de Historia.

HOMBRE1 – *(Cada vez más enfadado)* Entonces, ¿qué coño propones?

HOMBRE2 – Bueno, algo más corto, ¿no? Como un eslogan.

HOMBRE1 – *(Encendiéndose aún más)* ¿Cómo un eslogan? ¿Pretendes que muera diciendo "Vota por el cambio"? ¿O "Juntos lo hacemos posible"? ¿O "Gobernaremos para vosotros"? *(Gritando)* Pero ¿tú eres imbécil?

HOMBRE2 – *(Tímidamente)* "Juntos lo hacemos posible" no está mal.

HOMBRE1 – *(Fuera de sí, dando vueltas por la sala y golpeando los muebles)* ¿Que no está mal? ¿Que no está mal? Ese eslogan era el de nuestro rival en las elecciones pasadas, ¿cómo puedes decir que no está mal?

HOMBRE2 – Bueno... Mira como estamos nosotros y cómo están ellos... *(señalando fuera del despacho)*

(Fuera suenan voces de soldados, que están a punto de tomar el despacho)

HOMBRE1 – ¿Estás insinuando que su eslogan tiene algo que ver con su victoria?

HOMBRE2 – Pues no lo sé, no soy un experto, pero tendrás que reconocer que tiene gancho. Esto puede haberles afectado anímicamente, dándoles la fuerza necesaria para aplastarnos.

HOMBRE1 – *(Iracundo)* O sea, ¿que nosotros hemos perdido por culpa del eslogan?

HOMBRE2 – Bueno… Sólo digo que nuestro eslogan no era el más afortunado. *(Con voz pomposa)* "Siempre adelante". Tiene su gracia, ¿no?

HOMBRE1 – *(A gritos)* ¡Ese eslogan lo escogí yo porque veníamos de una situación pésima, gracias a la gestión del partido que gobernaba antes! ¡"Siempre adelante" era una manera de motivar al pueblo, de dar una idea de evolución necesaria, en un momento muy difícil!

HOMBRE2 – Si yo no digo que esté mal: sólo digo que es gracioso, teniendo en cuenta que no hemos hecho más que retroceder. Vamos, que adelante, lo que se dice adelante… *(empieza a reírse descontroladamente)*

HOMBRE1 – *(Dando una patada a la mesa)* ¡Esto es el colmo, no puedo más! ¡Estoy a punto de morir y tengo que aguantar mofa, befa y escarnio! ¡Y encima de un miembro de mi gabinete! ¡No podía morir en otra compañía, no, tenía que ser contigo! ¡Con el gilipollas más grande que ha parido madre! ¡Algo tuve que hacer mal en mi otra vida para acabar así! ¡Estoy harto, harto, harto! *(Se detiene un momento, mira a la puerta y se dirige hacia ella)* Sí, ¡sí! *(Abre la puerta y sale por ella)* ¡Sí!

(Fuera se oyen voces de soldados pidiendo que se detenga. HOMBRE3, que dirige el batallón de soldados golpistas grita a HOMBRE1)

HOMBRE3 – ¡Deténgase o abriremos fuego! ¡Alto! ¡Alto! *(HOMBRE1 no acata las órdenes y sigue pegando gritos)* Batallón: apunten, ¡fuego! *(Suena una descarga de fusiles)*

(Después de unos segundos de pausa, HOMBRE3 y los soldados empiezan a gritar de alegría)

HOMBRE3 / SOLDADOS – ¡El Presidente ha muerto! ¡Hemos ganado la guerra!

(HOMBRE2, en la habitación, se queda petrificado. Luego observa la chaqueta que ha dejado HOMBRE1 en la silla. Comprueba que nadie le ve y tímidamente, se la pone. Poco a poco se empieza a sentir poderoso, su porte gana aplomo y elegancia. Fija su atención en la silla que ha dejado HOMBRE1. Se sienta en la silla con gesto solemne y deja caer al suelo un de los que están apilados. Se siente bien. Coge un cuadro y lo deja caer al suelo. Se siente aún mejor. Carraspea un poco, adquiriendo un aire cada vez más pomposo)

HOMBRE2 – Evolución necesaria.

(Sonríe abiertamente, aprobando su propio eslogan. Empieza a repetirlo una y otra vez, entre risas nerviosas)

EL MOMENTO

De Paqui Ortega

EL MOMENTO

De Paqui Ortega

En una habitación hay unas mesas, unas sillas, un mueble con una lámpara y un teléfono. En la mesa se ve sentada a una mujer de unos sesenta años; está vestida con un pantalón y una camisa negra, lleva un colgante al cuello y el pelo recogido. Está sentada en la mesa en la que hay dos cuencos. En uno hay lentejas que va pasando al otro mientras repite: uno, dos, tres y cuatro, Margarita tiene un gato en la punta del zapato y le da de comer, pan y chicha, chicha y pan. Entra una adolescente, lleva puesto un pantalón y una camisa blanca. Lleva también un colgante al cuello igual que el de la mujer. Lleva colgada una mochila y levanta la mano para saludar.

Chica.- Hola, madre de mi padre.

Mujer.- Hola, Vi... hija de mi hijo.

Chica.- ¿Qué haces?

Mujer.- Preparo la comida.

Chica.- ¿Pero, por qué lo haces? Si la pides te la traerán de la casa de control de alimentos y... ¿por qué haces eso con las lentejas?

Mujer.- Ya sé que pueden traernos la comida *(Se coge el colgante con la mano y habla un poco más bajo)* Pero esto, además de hacerme sentir útil, me trae buenos recuerdos de mi niñez, cuando iba a comer a casa de mi abu... de la madre de mi madre *(Suelta el colgante)* Y tú ¿de dónde vienes? Hoy llegas más tarde.

Chica.- Hoy es viernes y es el día que vamos al centro de formación, después de salir del centro de adquisición de datos.

Mujer.- ¿Ah, sí? La semana pasada os hablaron de lo peligrosos que son los libros y los quemasteis ¿No?

Chica.- Sí, madre de mi padre, es lo mejor para nuestra formación, seremos unas personas útiles para la sociedad y preparadas para el futuro.

Mujer.- *(La mira y esboza una sonrisa)* Bueno, cuéntame qué habéis hecho hoy.

Chica.- Nos han enseñado unas cosas redondas de metal y nos han dicho que había que destruirlas. Parece que, cuando se ponían en un aparato, producían nos ruidos tan infernales, que la gente al oírlos se ponía a moverse convulsivamente y dejaba de producir. Los hemos destruido.

Mujer.- *(Con ironía)* Sí, es cierto, cuando la gente escuchaba esos ruidos, se movía convulsivamente.

Chica.- *(Cogiendo el colgante con la mano)* Madre de mi padre, quiero contarte una cosa que me ha sucedido.

Mujer.- *(Seria)* Dime, ¿qué te ha pasado?

Chica.- *(Se vuelve a coger el colgante y le cuesta hablar)* Verás... en el centro de adquisición de datos se sienta un chico a mi lado y nos ayudamos mutuamente cuando no entendemos algo, pero... últimamente me mira de una manera que... no sé... empiezo a sentir unas cosquillas en el estómago, me cuesta concentrarme y noto color en las mejillas cuando hablo de él.

Mujer.- *(Se coge el colgante y la mira con dulzura)* ¿Sabes qué te pasa? ... Estás enamorada.

Chica.- ¿Qué es eso?

Mujer.- *(Vuelve a coger el colgante)* ¿Eso? Es una sensación que uno siente y que te hace sentir viva y te da una fuerza especial, que te hace enfrentarte a todo y a todos y a luchar por quien quieres y por lo que deseas *(Le acaricia la mejilla)*

Chica.- *(Cogiendo el colgante)* Una vez nos dieron información sobre el amor. Nos dijeron que era una especie de virus que afectaba al razonamiento, pero que se pasaba con el tiempo. También nos dijeron que, cuando empezáramos a sentir una falta de concentración y síntomas inespecíficos por el cuerpo, fuéramos al centro médico.

Mujer.- *(Se ríe)* No, no hace falta que vayas, no es una enfermedad. Seguro que te sientes mejor que nunca, ¿verdad?

Chica.- *(Se sonríe)* Sí, madre de mi padre, es cierto (Le da un abrazo)

Mujer.- *(Se la mira y se ríe)* ¿Ves? Ya está haciendo efecto.

Chica.- Quería comentarte una cosa.

Mujer.- ¿Otra cosa? Hoy tienes muchas cosas que contar... bueno, cuéntame.

Chica.- *(Se vuelve a coger el colgante)* Hoy hemos ido a ver la casa grande donde vive el "Gran Maestre" Cuando iba buscando el lavabo, vi una puerta entreabierta y vi al "Gran Maestre", que estaba sentado...

(Se apaga la luz y se ilumina un lateral y se ve a un hombre sentado en un sillón con una copa en una mano y un puro en la otra escuchando música mirando un cuadro y una mesa con libros. Se apaga la luz y se vuelve a iluminar a las mujeres)

Chica.- No sé qué pensar, sólo sé que lo que se veía era tan bonito y él tenía una cara especial, con una sonrisa.

Mujer.- *(La mira muy seria y se coge el colgante)* Creo que ya estás preparada, que ahora es el momento para que sepas la verdad...

Chica.- *(Asombrada)* ¿Qué verdad?

(Suena el teléfono)

Mujer.- *(Respondiendo)* Diga... ¿Si?... No sé que ha podido pasar... de acuerdo... No, no se preocupe... Ahora lo miro... Sí, lo colocaré bien... Sí, gracias. *(A la chica)* Era de la central de recepción. El sonido no llega bien *(Mirando el colgante)* Seguro que lo tenía mal colocado *(Le guiña un ojo)*

(A partir de ahora se producirán dos conversaciones paralelas: una para "control de sonido" y otra para la mujer y la chica)

Mujer.- *(Tapa el colgante)* Tendremos que hablar del tiempo.

Chica.- *(Tapa el colgante)* ¿Por qué?

Mujer.- Te voy a contar el principio de todo.

Chica.- ¿El principio de qué?

Mujer.- *(Suelta el colgante)* Está llegando el frío, lo noto en mis huesos.

Chica.- *(Suelta el colgante)* Madre de mi padre, ¿por qué dices que lo notas en tus huesos?

Mujer.- *(Tapa el colgante)* De por qué eliminaron todo lo que tenía que ver con belleza, felicidad, libertad, sentimientos, emociones...

Chica.- *(Tapa el colgante)* ¿Por qué? ¿Qué paso?

Mujer.- *(Suelta el colgante)* No lo sé exactamente, supongo que tiene que ver con los años.

Chica.- *(Suelta el colgante)* Lo preguntaré en el Centro de Adquisición de Datos.

Mujer.- *(Tapa el colgante)* Por envidia, por no aceptar las diferencias y por deseos de poder.

Chica.- *(Tapa el colgante)* Habla, cuéntame por favor.

Mujer.- *(Suelta el colgante)* Voy a buscar ropa para abrigarme.

Chica.- *(Suelta el colgante)* Pues yo no tengo nada de frío.

Mujer.- *(Tapa el colgante)* Hubo un tiempo que todo el mundo podía acceder a la cultura, a la belleza. La gente iba a los museos, escuchaba música, podía ir al teatro, había bibliotecas con millones de libros para leer... Pero empezó la tecnología y con ella la gran crisis económica. La diferencia económica y social se hizo más grande (Suelta el colgante) Ahora ya estoy mejor más calentita.

Chica.- *(Suelta el colgante)* Estás guapa con eso que llevas, madre de mi padre.

Mujer.- *(Coge el colgante)* Los que podrían acceder a la culturase sentían superiores y eso provocaba rencor y envidia en los que no podían disfrutarlo (suelta el colgante) Estoy pensando en hacer un curso de formación de cocina.

Chica.- *(Suelta el colgante)* estaría interesante, informaré de ello.

Mujer.- *(Coge el colgante)* Empezó a surgir la robótica y cada vez se necesitaban menos obreros. Empezaron a vivir en guetos y a no tener ni estímulos ni ilusiones. Poco a poco se empezaron a reunir para enfrentarse al poder, hasta que lo derrocaron. (Suelta el colgante) Podías traer a tus compañeros del aula de formación.

Chica.- *(Suelta el colgante)* Sí, haré eso, se lo diré.

Mujer.- *(Coge el colgante)* Cuando llegaron al poder prohibieron todo lo que tenía que ver con la cultura, la belleza, empezaron a prohibir, bajo amenaza de cárcel, la expresión física y verbal de los sentimientos, de las emociones, a utilizar un lenguaje aséptico e impersonal (Suelta el colgante) Así seguiré siendo útil a la comunidad.

Chica.- *(Suelta el colgante)* Me parece bien.

Mujer.- *(Coge el colgante)* Empezaron a obligarnos a llevar los colgantes para controlarnos, pero un grupo de personas de mi edad hicimos un pacto: nos comprometimos a que, cuando nuestros nietos estuvieran preparados y fuera el momento, les diríamos la verdad para que ellos pudieran recuperar lo que prohibieron. Ese momento sería cuando empezarais a conocer el amor (Suelta el colgante) Sois muy inteligentes, aprenderéis pronto *(Suelta el colgante)* Tú eres mi nieta y yo soy tu abuela. Te quiero muchísimo. Tu nombre es Victoria y el mío Esperanza. Es hora de buscar y recuperar la libertad, la belleza, la felicidad y el amor. Vosotros tenéis la fuerza para conseguirlo.

(Oscuro. Se vuelve a encender la luz. Se ve un cuadro colgado y libros en la mesa. Se escucha una música. Entra Victoria embarazada, le ayuda el chico a llegar a la mesa y se sienta)

Chico.- Victoria, tienes que descansar, ya queda poco para que llegue Libertad.

Chica.- Sí, es verdad, estoy deseando que llegue.

Chico.- *(Le da un beso)* Te quiero tanto.

Chica.- Yo también. Siento mucho que Libertad no pueda conocer a su bisabuela Esperanza, pero le hablaremos de ella.

(Se dan un beso. Se oye música. Oscuro)

EUCARISTÍA

De Mercè López Cobo

EUCARISTÍA

De Mercè López Cobo

Una família al voltant d'una taula parada pobrament però amb delicadesa, com per a una ocasió especial. Al recó una caixa gran que conté un llenç, pintures i pinzells que no es veuen perquè és tancada, i una altra d'oberta d'on cada personatge va traient un quadre que penja a la paret. Centrada, la matriarca penja una gran reproducció de la Mona Lisa a bocins, muntada com un puzle. El somriure intacte; és el bocí més gran del quadre. Al seu voltant, totes excepte la Jove, que s'aparta mirant-s'ho, van col·locant pintures més maldestres, infantils, senzilles, i un parell de quadres interessants, suggeridors, traçuts, que recorden vagament El Crit de Munch, La nit estrellada de Van Gogh, El Passeig de Monet, El Guitarrista de Picasso i El Pantocràtor de Taüll. La família s'asseu al voltant de la taula però no han començat a dinar. Vesteixen amb túniques blanques molt senzilles i espardenyes, a Jove, però, duu botes. Tots esperen les paraules de la matriarca.

MATRIARCA: Avui es compleixen cent anys de la revelació. Avui compartirem el pa i el vi, i pregarem perquè la inspiració ens arribi i les nostres mans ens mostrin allò que l'esperit ja sap però que ens és ocult encara. Temps enrere els homes en varen gaudir sense acabar d'entendre-ho i, per això, van ser castigats. Ja és hora que humilment obrim les nostres ments i ens deixem posseir per la bellesa. Bevem plegats d'aquesta mateixa copa que omplo ara amb el vi que és fruit del nostre esforç perquè junts participem de l'Aniversari de la Revelació del Primer Artista. *(Totes es van passant la copa i en beuen un glopet)* Mengem també el pa que és fruit del nostre esforç i neix del blat que junts hem conreat. *(Totes es van passant el pa i en tasten un bocí que tallen amb les mans)* Tres foren els dons del Primer Artista, el meu pare, un home just i sensible, que ens va ensenyar el valor d'allò que no es pot percebre, la bellesa que només es pot sentir. Recordeu el seu gran sacrifici, la seva sang vessada pel Maligne, que encara avui ens assetja cruel i insensible. Els Destructors no impediran pas que el Do ens alliberi. Avui, sota la influència del esperit benèvol del Primer Gran Artista, intentarem d'assolir aquest tercer do, el més gran, el més sagrat, el do de l'Art.

JOVE: Mare, portem tants anys provant-ho... potser no som dignes.

FILLA: No diguis això, cunyada, que potser no s'ha revelat el Geni a ca l'Aiguader? Per què no ens ha de passar a nosaltres que descendim del Primer Artista?

(La Matriarca i la Néta intercanvien una mirada d'enteniment)

MATRIARCA: Filles no blasfemeu, no avui... us ho prego.

JOVE: Però han passat cent anys i tan sols el Primer Artista fou capaç. Que no ho veieu a les parets?

MATRIARCA: No blasfemeu! L'Art es manifesta de maneres misterioses. Potser avui...

JOVE: Per què ha de ser diferent, avui? Potser aquesta família ha estat maleïda. Potser no hi ha motiu per córrer el risc...

FILLA: I ara! Si el teu home fos viu no parlaries així! El meu germà era un home de fe

JOVE: I ara és mort!

MATRIARCA: Cal seguir la tradició, filles meves, tot és en mans del Gran Artista.

JOVE: El Gran Artista és mort, mare. Ens ha abandonat, acceptem-ho d'una vegada. I, al cap i a la fi, potser millor i tot. Si ens enxampessin...

(La Filla gesticula escandalitzada per allunyar la malastrugança)

FILLA: No li diguis això, a la mare. Mare, no li feu cas, no us l'escolteu. És el Maligne que parla per la seva boca.

MATRIARCA: Sí, filla. Avui és dia de temptacions i proves. Els Destructors també tenen seguidors *(mira la Jove)*, tu ho saps millor que ningú, això. Escampen el seu poder entre nosaltres però no per això hem de caure en la covardia de la renúncia, al contrari, cal perseverar. Dia a dia els guanyem terreny. No perdis la fe, filla.

JOVE: El meu home no la va perdre mai i ja no hi és entre nosaltres... Correm un risc innecessari, sobretot perquè és un fet que altres han estat més beneïts que nosaltres. L'Aiguader no és l'únic. També l'Espardenyer, el Sastre... i fins i tot el Cronista han arribat a l'èxtasi durant les Celebracions i se'ls han concedit Artistes dins de llurs llinatges. No a nosaltres. Nosaltres només hem tingut morts, les morts dels nostres homes. Deixem-ho córrer, doncs, i si ells cauen, a nosaltres no ens afectarà.

(La Filla es tapa la boca completament escandalitzada i es fa un instant de silenci tens)

JOVE: Potser és així com ha de ser. Per què, si no, mare, nosaltres, que descendim directament del Gran i Primer Artista, hem estat desproveïts del Do? És que no ho enteneu

MATRIARCA: L'orgull i la por són molt mals consellers, filles meves, no us hi deixeu endur... Cal que l'Art s'escampi, que hi arribi arreu i a tothom, que venci els Destructors.

(La Filla fa gestos inequívocs de creure-hi fermament.)

FILLA: Sí, mare, teniu raó.

NÉTA: Àvia, com era el Primer Artista?

(Totes paren atenció. Han sentit aquest relat un munt de vegades, però no se'n cansen. La Jove s'aparta i es recolza a la paret amb gest preocupat)

MATRIARCA: Era un home bo, tocat de ple pel Do.

NÉTA: I és cert que es va enfrontar tot sol als Destructors?

MATRIARCA: Tot sol no, filla, ningú no es pot enfrontar sol al Mal. Va tenir seguidors, homes bons com ell que van saber entendre la bellesa que commou.

NÉT: Però com s'ho va fer, àvia?

MATRIARCA: Va rebre l'impacte de l'Art així que se li va aparèixer i, mentre els altres destruïen i embrutaven la Imatge, ell se'n va guardar el Somriure.

NÉTA *(s'aixeca i s'acosta al quadre)*: Per què el Somriure, ávia? La imatge és bella tota ella. Què hi va veure?

MATRIARCA: Qui ho pot saber, filla meva? Què hi veus tu?

NÉTA *(admirant el quadre):* És difícil de dir. És enigmàtic. De vegades no sé si realment riu. De vegades em sembla que em jutja, que d'alguna manera sap allò que jo encara he d'aprendre, el que em convé i el que no.

MATRIARCA: Tot això hi veus?

NÉTA: Sí, però em cal també la mirada... i les mans... El somriure és impactant però és el conjunt que...

MATRIARCA: El meu pare va haver de passar nits senceres remenant entre la brossa fins a reconstruir-lo. I després el va guardar ben amagat. Només el mostrava a aquells que no entenien encara les lleis dels Destructors. Tots eren nens, és clar. I quan van créixer ja eren molts a enfrontar-s'hi. Ja no els tenien por.

JOVE *(abraçant la seva neboda per l'esquena)*: Van ser molt valents, neboda. No sé si jo hauria pogut...

NÉTA: És clar que sí, tieta. Jo hauria lluitat al costat del besavi.

JOVE: Au filla, no siguis somiatruites.

MATRIARCA *(somrient)*: T'hi assembles tant!

JOVE: Filla, sisplau, no donis peixet a aquesta bogeria!

NÉTA: No em sembla cap bogeria, mare. Àvia, celebrem-ho. Intentem-ho un altre any. Què importa si ens en sortim com a cal Cronista o no. Expressem-nos, deixem-nos anar, també nosaltres. Potser aquest cop el besavi es manifestarà a través dels nostres dits.

(La Jove la mira amb impotència)

JOVE *(Acostant-se a les versions de El Crit de Munch, La nit estrellada de Van Gogh, El Passeig de Monet, El Guitarrista de Picasso i El Pantocràtor de Taüll)*: Va fer coses precioses i cada any, quan les traiem per a la celebració, em semblen més belles que l'any anterior. És cert. Però nosaltres només som dones! Estem soles!

FILLA: Som les descendents directes de l'Artista! Qui més pot dir això?

JOVE: Però els nostres homes...

FILLA: Van donar la vida seguint l'exemple del Primer Artista. Ells van desafiar el control dels Destructors. Van ser valents. Sabien que l'Art és alliberador i no van dubtar mai. Els ho devem, germana. Quin sentit té el seu sacrifici si ara ens fem enrere? Sang de la nostra sang...

MATRIARCA: La sang és la sang. Qui ho podrà negar, això?

JOVE: Però si ells van morir, què ens passarà a nosaltres?

FILLA: No hi pensis, germana.

JOVE: Tinc tanta por!

NÉTA: Jo hi he pensat... Tinc una imatge que se m'apareix un cop i un altre. No sabria dir si en somnis o desperta. És una imatge inquietant però alhora... temptadora...

MATRIARCA *(esperançada)*: I creus que podràs?

(Totes tres alhora)

JOVE: Oh, filla meva! Tu no!

FILLA: Noia, potser ets tu...

NÉT: Àvia, ho vull provar.

(La Filla va a recollir la caixa del recó mentre la Jove buida la taula. La Matriarca obre la caixa i en treu un llenç i uns pinzells)

MATRIARCA *(allargant un pinzell a la Néta)*: Què és el que veus?

NÉTA *(mirant a l'infinit, com recordant):* És un desert. Res no és viu, ni mort... vull dir que no hi ha cap ésser... només... el temps.... *(Tots quatre parlen alhora, atropellant-se)*

FILLA: *El temps? Què vols dir el temps?*
JOVE: *Vols pintar el temps? Quina cosa més estranya!*
NÉTA: Sí, només hi ha el temps. I és una cosa fugissera, que s'esmuny, que s'escola, que es desfà... que se'ns escapa...

(comença a dibuixar i quan alça el llenç es veu un esborrany esquemàtic de Persistència de la memòria de Dalí. Les altres la miren bocabadades)

JOVE: La meva filla té el Do? Ai pobre Filla meva!

NÉTA: Ho acabaré avui mateix. Tinc els colors al cap...

JOVE: Ai pobre Filla meva!

(La Néta treballa en el quadre i totes se la miren en un silenci absolut, reverencial, la Jove amb evident por)

FOSC

LA SONRISA

De Encarna Mancebo

LA SONRISA

De Encarna Mancebo

Neblina sobre el escenario, es muy temprano. En la plaza del pueblo un hombre está vendiendo una infusión parecida al café en un rincón. Un grupo de personas con harapos están esperando la llegada del hombre a caballo que colgará el "motivo" del festival que se celebrará ese año. Grigsby está sentado junto al vendedor tomándose una taza para calentarse y ve a Tom llegar.

Grigsby.- Hey chico, ven, te invito a una taza de este brebaje *(levantando un vaso viejo)*

Tom.- Hola Grigsby, creo que eso no me gustará *(cara de agrio)*

Grigsby.- Prueba hombre, al menos entrarás en calor hasta que vengan a poner el anuncio del festival. Estás aquí por eso ¿no?

Tom.- Bueno…sí.

Grigsby.- *(Dirigiéndose al vendedor)* ¡Otro café para el artista!

Vendedor.- No diga eso hombre, pueden detener al chico. Son palabras que están prohibidas. ¡Ya lo sabe!

Grigsby.- Era una broma hombre, nadie nos ha oído. Ya no necesitamos esa porquería.

Tom.- Gracias amigo *(cogiendo la taza).* ¿Has oído de que irá el festival?

Grigsby.- Bueno, me han soplado que van a traer un dispositivo que se multiplicó como las cucarachas, por todo el planeta. Una pequeña pantalla, una extensión del brazo que les impedía levantar la cabeza. ¡Nunca volvieron a mirar a ese Sol, que está a punto de salir, ni a otro Ser a los ojos!

Tom.- ¿Y todo el mundo tenía esa pantalla?

Grigsby.- La regalaban hasta a niños más pequeños que tú.

Tom.- ¿Para que necesitaría eso un niño?

Grigsby.- Para no hacer ruido, para seguir durmiendo. Para que dejaran de hacer preguntas, de imaginar…quien sabe.

Tom.- ¿Tan peligroso era?

Grigsby.- Mucho. Con un toque de dedo *(levanta el índice)* tenían acceso a las mejores universidades, museos, comprar, vender, pagar. Como un cerebro único interconectando el planeta, pero un planeta enfermo, esclavizado.

Tom.- ¿Pero dentro de esa pantalla estaban los cuadros y la música?

Grigsby.- Todo lo que hoy tenemos prohibido. Por eso lo vamos a machacar en este festival, esa mierda que llamaban arte volvía a la gente idiota.

Vendedor de café.- Cantos de sirena.

Grigsby.-Oí contar que ante determinados cuadros y con determinada música la gente conectaba con una cosa que llamaban espíritu. Mentiras muchacho, mentiras. Si eso fuera cierto, hubiesen tocado al unísono todos los músicos del mundo para evitar la guerra. ¿No? ¡Y mira, aquí estamos! Pero chico, ¿Por qué tardas tanto en tomarte el café? Tienes siempre el puño cerrado, ¿Se te ha agarrotado del frio? Déjame ver… *(Le agarra la muñeca con cierta violencia)* ¿Pero qué es esto? Dime… ¿Qué tienes ahí?

Tom.- Es…es… (A Tom se le cae un trozo de tela que guardaba en la mano) ¡Estoy seguro que tú también lo sientes! Te vi, escupiste al aire. Tú eres diferente Grigsby, lo sé. Eres el único que respondes a mis preguntas, yo te vi.

Grigsby.- Cállate maldita sea, Cállate. *(Coge el trozo de tela y lo guarda en el puño, repara que el vendedor de café está contemplando la escena, le habla en susurrando)* ¿Sabes lo que significa el destierro? La muerte, chico. Ahí fuera sólo hay cráteres gigantes y alimañas hambrientas. ¿Cuánto duraríamos? Dime… ¿Cuánto duraríamos?

Tom.- *(Como si no hubiese oído nada de lo que le ha dicho)* ¡No puedo dejar de mirarla! es como un baile aquí *(se da dos golpecitos en el pecho como un latido y rítmicamente)*. En el silencio, siento esa música y me atraviesa lentamente. ¡Quiero llorar! pero no estoy triste, sino todo lo contrario.

Vendedor de café.- Pero ¿qué está diciendo este maldito muchacho? ¡Eres un peligro, estás loco!

Tom.- ¿Por qué? Las hojas de ese árbol del que sacas esto (le muestra la taza de brebaje) se mecen con la música del viento. ¿No lo veis? mirad, mirad... (*Extasiado mirando al árbol*) oíd *(cerrando los ojos)* hay música en el aire (*Entra el hombre del caballo con dos policías. Tienen unas pulseras de color amarillo para identificarse. El hombre coloca un cartel en el muro. Los policías lo flanquean. Empiezan a entrar en la plaza hombres y mujeres con harapos, descalzos y arrastrando los pies.*

Hombre del caballo.- Hombres y mujeres, esté será el tema de nuestro festival *(Señalando el cartel en el que hay un móvil)*. Os comunico que este año el elegido será el que proclame algo beneficioso para la comunidad. Quien quiera puede subir al púlpito ¡ya conocéis el ritual! *(Muestra una máscara blanca)* El ganador además de obtener el privilegio de destruir obtendrá esto *(enseña unos cigarrillos)* como recompensa. (*El vendedor de café mira a Grigsby y acto seguido a Tom, nunca a los ojos. Grigsby que se siente amenazado, se levanta de un salto y va hacia el púlpito para tomar la delantera, con la mirada clavada del vendedor y la expresión de sorpresa de Tom)*

Grigsby.- (*Se coloca la mascará y levanta el puño cerrado)* Tengo en mi mano algo que pertenece a uno de vosotros, algo que debía haberse destruido, peligroso, prohibido, odiado. *(Abre el puño y enseña el trozo de tela que aguanta con la punta de los dedos)*

Muchedumbre.- ¿De quién es eso? ¿Quién es el traidor? ¡Delátalo, no queremos esa mierda! Al destierro, al destierro con él. No queremos nada de la civilización.

Grigsby desde el púlpito, quitándose la máscara, mira a Tom por primera vez a los ojos y le señala con el dedo. Se aparta la gente dejando a Tom en el centro clavado por la mirada de Grigsby, sólo y rodeado por la muchedumbre que no levanta la cabeza del suelo. Una bruma emerge por el escenario. Los dos policías flaquean a Tom.

Policía A.- Estás detenido muchacho.

Hombre del caballo.-Este hombre *(señalando a Grigsby)* se ha ganado el privilegio de destruir el objeto repudiado. ¡Toma te lo has ganado! *(le da unos cigarrillos. De entre la gente sale el hombre que había detrás de otro hombre. El, mira a los ojos a los demás; es ciego)*

Ciego.- Un momento, yo también voy a subir *(se coloca en el púlpito)* Tengo que enseñaros algo *(abre la mano y despliega un trozo de tela, lo muestra, unos ojos miran a la muchedumbre)*. Esto pertenece a uno de vosotros. Alguien lo guardó estando prohibido. No es mío, entonces os pregunto ¿Sería justo desterrar al chico, cuando vosotros también conserváis objetos ilegales? ¿Quién tira la primera piedra? *(Revuelo de susurros mirando al suelo. Ciego mirando al hombre del caballo)*

Hombre del caballo.- Pongamos la decisión en manos de la gente. *(Se enfoca al público)* ¿Cuántos hombres y mujeres piensan que sería justo desterrar al muchacho por guardar la sonrisa? *(los policías miran uno por cada lado y llegan a la cuenta de que no sería justo desterrar a Tom)*

Ciego.- Ten *(dándole el trozo de tela contra el pecho a Grigsby al bajar del púlpito)* aquí tienes tu mirada. *(Grigsby cae de rodillas en el suelo llorando estrechando la mirada contra el pecho, Tom le mira y empieza a golpear su pecho imitando los latidos del corazón mientras va hacia él y sonríe plácidamente)*

Tom.- *(Mirándole directamente a los ojos)* Oíste la música en el silencio.

Hombre del caballo.- Este hombre queda detenido. Será desterrado como castigo. Es justo. *(Dirigiéndose a los policías)* acompañadlo a la salida de la ciudad.

Un hombre de la multitud.- *(Se saca un libro del bolsillo y lo alza en su mano derecha para mostrarlo como un trofeo)* yo guardé esto y no me arrepiento. *(Otro hombre saca una máscara de la comedia y la alza como un trofeo. Otro hombre despliega una lámina que tiene pintada la creación de Miguel Ángel. La alza como un trofeo. Una mujer alza una estatuilla de una venus. Uno de los policías que está*

---

flanqueando al hombre del caballo, se saca un libro y se lo tira a los pies, uniéndose al resto de la gente. La gente va rodeando al hombre del caballo. Tom sube al púlpito, se dirige a todos)

Tom.- ¡Ya lo entiendo! *(Se va golpeando el pecho a modo de latido)* nace aquí y aquí reside *(La Gente empieza a imitar a Tom y se golpean el pecho a modo de latido mirando al suelo, pero enfocados en Tom. Grigsby cuelga la tela de la mirada en el muro, tapando el cartel de destrucción del festival. Entre la gente empieza a oírse un canto que va subiendo como el sonido de una alarma in crescendo.*

Muchedumbre.- Queremos volver, queremos volver, queremos volver. *(Lentamente uno tras otro va alzando la mirada para mirar los ojos que sonríen a todos, miran a Tom a los ojos. Neblina en el escenario. De entre la gente sale un hombre que ha guardado un objeto prohibido, se oye un disparo)*

Oscuridad.

Voz en off de Grigsby.- El ser humano siempre se mueve en la dualidad.

EL ASCENSO

De Fior Metz Estévez

EL ASCENSO

De Fior Metz Estévez

Estamos en unas oficinas. Hay una Pared entre la oficina del presidente y la oficina de María, la asistente administrativa, y de la secretaria. Desde el público se podrá observar los movimientos de ambas. María y la Secretaria entran juntas a la oficina.

María. La cafetería se lució hoy, el café estaba buenísimo.

Secretaria. Me encanta que me sirva José, es muy atento y hace unos bocadillos divinos.

María. Los bocadillos de él fueron los que me engordaron. Ya no los como, vivo en una dieta eterna.

Secretaria. ¡Cállate! Que tengo remordimientos de habérmelos comido, pero bueno un día no pasa nada.

María. No, no pasa nada *(pone el bolso en la silla y comienza a ordenar el escritorio, la secretaria hace lo mismo. Suena una bonita música instrumental).*

(Se escucha una voz)

Presidente. María, ¿puedes venir a mi despacho?

María. Buen día señor, enseguida.

(María sale con una carpeta en la mano, la secretaria está escribiendo en el ordenador, de repente se levanta y se va a la pared tratando de escuchar la conversación de María y el Jefe).

(En el despacho del Presidente)

María. *(Entrando)* Buen día.

Presidente. Buen día, María.

María. Aquí tienes la lista de llamadas. Ya pasé las facturas al departamento de cobro, y el caso de la Empresa Maná, se lo entregué a los abogados.

Presidente. Como siempre María, brillante. ¿Tiene capacidad la nueva asistenta?

María. Sí mucha, y aprende deprisa.

Presidente Me alegro, veo que ella te puede sustituir.

María. ¿Cómo?

Presidente. No te asuste mujer, lo que pasa es que hoy viene el nuevo Gerente de Producción, quiero te vayas unos días a ese departamento para que lo entrenes. Él tiene que conocer y aprender qué se hace en cada departamento y cómo se hace, desde el puesto más pequeño al más grande.

María. ¿No tiene experiencia?

Presidente. No, es un muchacho muy joven, pero con Máster, Doctorado, Idiomas, en fin...

María. *(Interrumpiendo)* En fin, que no sabe un comino.

Presidente. ¿Cómo? ¿Pero qué dice usted?

María. No dudo de la preparación teórica que ha recibido este joven. Pero no tiene práctica en el sector de la producción y Usted lo pone por encima de todas y todos de nosotras y nosotros.

Presidente. ¡Cómo se atreve!, y dígame una cosa, a quién cree usted que se debe ascender aquí. Dígame uno.

María. Puedo decirle una.

Presidente. Adelante.

María. Creo que es una injusticia, llevo 35 años en esta empresa, tengo un doctorado en química, conozco todos los departamentos, me ha tocado entrenar a todos los jefes de departamento y todos ganan un salario superior al mío, mientras yo sigo con el mísero salario de una secretaria. Esto es injusto.

Presidente. Quiere ser usted la nueva jefa del departamento de producción. ¡Usted está loca! Cómo cree que voy a poner a una mujer en ese puesto, sería el caos de esta empresa. Para ser jefe del departamento de producción, se necesita pantalones y una buena correa.

Una mujer, jefa del departamento de producción... por Dios, le sacarán la lengua.

María. Y quien asegura que a usted no se la sacan.

Presidente. ¿Cómo dices? ¿Y esa falta de respeto? Es la primera vez que me habla usted así.

María. No, no es falta de respeto, señor. Es la realidad. Cuando se lleva años aguantando, tragando, llega un momento en que una explota, y hoy ha sido ese día.

Presidente. ¡Cállese! Y vuelva a su trabajo.

María. Sí señor, (sale)

(La secretaria sale corriendo a sentarse en su mesa. María entra llorando).

Secretaria. ¡Cómo eres!, no entiendo por qué te dejas humillar. No ves que es un machista. Nos sacan el jugo y no reconocen el valor que tenemos. Ese hombre no te valora. Rebélate, coñooo...

María. Tienes razón, por lo menos le diré quiénes somos. *(Se limpia las lágrimas y sale, mientras la Secretaria levanta el dedo, en señal de victoria y se levanta y va a la pared)*

María. Señor, quiero decirle algo.

Presidente. Dígame.

María. Cuando entré a trabajar con su padre, tenía solamente una licenciatura en química, su padre se negó a hacerme gerente y seguí estudiando hasta hacerme el doctorado, fue entonces cuando su padre me manifestó que no me ascendía porque era mujer. La empresa ha pasado por varios problemas en la producción, hubo un gerente que hizo una producción muy costosa y todo se fue abajo, hubo pérdidas, los productos eran invendibles, porque el precio para el cliente final era muy elevado. Tuve que intervenir, saqué la empresa a flote y ahí su padre me dio la enhorabuena, pero no me dejó en el cargo porque era mujer. Aun habiendo logrado que la empresa volviera a producir con éxitos. Cuando Usted vino pensé que con usted lo lograría, pero no, Usted piensa igual, que su padre.

Presidente. ¿A dónde quieres llegar?

María. Ustedes los hombres se creen los siete magníficos, pero la realidad es otra. Nosotras las mujeres, les hemos parido, les hemos educado, hemos sufrido, hemos trabajado y aún nos ha sobrado tiempo para darles nuestro cariño, amarles... todo lo contrario a ustedes. Si les duele un dedo, se quedan en casa, hay que llevarles todo a la cama y se quejan más que un recién nacido. Así que estos argumentos derriban totalmente el que se nos considere el sexo débil, no señor, no lo somos. El sexo débil es el hombre. Yo he entrenado a todo el personal de esta empresa, no importa el departamento, yo lo manejo perfectamente, con Doctorado en química, Máster en Producción y encima he trabajo de interina en ese departamento, he levantado la empresa y lo que sé se lo enseño a los que llegan y por ser mujer, tengo que conformarme con ser solo una Asistente de dirección, cuando...

Presidente. Cállese ya, si no fuera por el tiempo que lleva aquí, la despediría en este momento.

María. Está en su derecho señor.

Presidente. Descuide, se agradecer. Cuando mi padre murió, usted me entrenó. Vaya a su despacho y continúe su trabajo, en una hora llega el nuevo jefe de producción.

María. Permiso señor. *(Sale llorando)*

Secretaria. *(Corriendo a sentarse, ya que estaba detrás de la pared escuchando)*

María. Tú como siempre, escuchando tras la pared.

Secretaria. Sí. Lo oí todo, yo le hubiera dimitido ahí mismo.

María. No tengo tu valentía. He criado tres hijos, dos de ellos son profesionales. A la hembra le falta dos años, tiene dos hijos y están en casa. Le sostengo, cubro sus gastos y le pago los estudios, tengo que aguantar aún. Además, por mi edad nadie me dará trabajo. ¿Quién me lo daría? (Se queda pensando). ¡Nadie!, lo tengo jodido.

Secretaria. (Mirando hacia otro lado). Si tú lo dices.

(Suena el teléfono y responde María)

    María. Dígame señor.

    Presidente. María, voy a almorzar.

María. Recuerde la entrevista con el Sr. De La Rosa es a las seis.

Presidente. Estaré aquí, María. Gracias.

María. Que tenga un buen almuerzo señor.

Presidente. Gracias, igual tú, María.

María. Gracias señor. (*Llora amargamente*)

(La Secretaria, mira el reloj, comienza a recoger para salir, le hace señas a María que está llorando, sale, María mira el reloj, recoge y sale, prontamente regresa, saca un sobre del bolso y lo coloca en el escritorio del Presidente y sale)

Presidente. *(Entra, mira el sobre el escritorio, lo abre...)* ¡María! *(Se levanta va al escritorio de María)* ¡María!

Referencias

. Cuento *La Sonrisa* de Ray Bradbury.